Inhalt

Die perlmutterne Mönchin

May you climb to the mountain,
may you sail on the sea,
May you run through the meadow,
may you always be free.
May the warm wind caress you,
womanchild, womanchild
May God smile, may she bless you.

Mögest du auf die Berge klettern
und übers Meer segeln.
Mögest du über die Wiesen rennen
und immer frei sein.
Der warme Wind möge dich liebkosen,
Frau-Kind, Frau-Kind.
Gott möge lächeln: sie möge dich segnen.

CAROLE A. ETZLER

Nachdem ich meinem eigenen Geschlecht,
meiner Schwester,
den Vorrang eingeräumt habe,
kann ich in den Segensspruch
aus dem Wiegenlied »Womanchild«
nun auch den kleinen Jungen einschließen.

Braun gerahmt ist der Spiegel, vor dem ich stehe. Meine Freundin legt mir den Mantel um: schwer fällt die grobfaserige Rohseide von meinen Schultern. Wir schließen den Mantel an der Seite mit Stecknadeln. »Schön du!«, sage ich begeistert, »gut hast du das gemacht.« Dann ziehe ich mir die Kapuze über den Kopf und erschrecke – es mißfällt mir, wie hart das milchige Weiß des schneeigen Seidenfutters vom gelbstichigen Weiß der Rohseide absticht. »Du, das mußt du ändern: die Kapuze auch innen mit Rohseide ausschlagen – so geht das nicht!« Meine Freundin wehrt sich verärgert: »Aber das ist doch gerade der Reiz, daß der weiße Seidenjersey aus der groben Mantelseide hervorschimmert! Das wollten wir doch gerade – auch den Unterschied der Farben!« Zum ersten Mal streiten wir uns beim Gestalten eines Kleidungsstückes. Ich versuche mir klarzumachen und ihr zu erklären, was mich so irritiert: ich ertrage den Gegensatz zwischen den beiden Seidenstoffen nicht, zwischen den beiden Weiß. Er macht mich ganz verrückt. Diese Spannung, diese Widersprüchlichkeit, diese Zweideutigkeit – das Ineinander von klarer Strenge und schmeichelnder Weichheit, von vergeistigter Mönchskutte und sinnlichem Frauengewand, oder verkürzt: von Geist und Eros! Obwohl ich, wenn ich ehrlich bin, doch genau dieses Ineinander und Zusammen suche und ersehne. Wir reden lange miteinander, und im Gespräch und Gestalten steigt das Bild in mir hoch: das ist die perlmutterne Mönchin – und der Mantel bleibt, wie er ist.

Ich spinne die Figur der perlmutternen Mönchin weiter. Wer ist sie? Es gibt ja keinen Orden der perlmutternen Mönche oder Nonnen. Als perlmutterne Mönchin gehöre ich nirgends dazu. Auch weiß ich erst seit kurzem, daß ich die perlmutterne Mönchin bin. Eine Mönchin, kein Mönch: ich bin ja eine Frau. Keine Nonne: ich entziehe mich den Formen und Grenzen, die Männerwelt für Frauenwesen vorsieht. Ich bin ein Zwitter, seltsam und fremd: manchmal mir selber befremdlich. Perlmutterne Mönchin. Spinnerin, Verrückte, Träumerin. Ich erkenne mich in manchem wieder, was die Gestalt des Mönchs ausmacht: eine einfache, klare Linie, eine gewisse Festigkeit und Strenge, Beschaulichkeit und Stille, Nachdenken und Studium, Beschränkung und Ausrichtung auf Wesentliches. Ich will ordnen, formen, bewältigen, gestalten. Das ist Mann, das ist Mönch.

Läßt sich die perlmutterne Mönchin an ihren Gelübden erkennen? Keuschheit? Wenn damit der Verzicht auf Sinnlichkeit und Sexualität gemeint ist, dann bin ich nicht keusch. Will es auch nicht sein. Und doch nenne ich mich eine keusche Mönchin. Aber als Keuschheit strebe ich an: Reinheit und Arglosigkeit der Gesinnung, Unbestechlichkeit im Wahrnehmen, Denken und Verhalten, Unverdorbenheit im Streben, Tun und Lassen. Beim Schreiben erschrecke ich über die kristallene Schärfe dieses Anspruchs: wohl stehe ich zu diesem Gelübde, aber ich weiß, daß ich es immer wieder ver-fehle.

Arm? Ich bin ein Kind der nachkriegszeitlichen Wohlstandsgesellschaft. Ich habe nicht nur alles, sondern mehr als genug: zuviel, viel zuviel. Meine Wohnung ist mit allem Nötigen und viel Überflüssigem ausgestattet (auf das ich dennoch nicht verzichten möchte). Mein Kleiderschrank ist reichlich gerüstet für Sommer und Winter und die langen Zeiten dazwischen. Sozial hinreichend abgesichert, lebe ich trotzdem ein bißchen von der Hand in den Mund. Denn ich habe keine Reichtümer und horte keine Schätze. Zweimal habe ich eine Stelle gewechselt, obwohl ich am neuen Ort weniger verdiente: die Arbeit gefiel mir besser.

»some look for riches
some are content with morsels
that do belie an empty life –
some live a frantic search for happiness,
some see their goal always one day ahead –«

lese ich in einem unveröffentlichten Gedicht von Rafael Rosenzweig. *Einige streben nach Reichtümern, andere begnügen sich mit Häppchen, die über ein leeres Leben hinwegtäuschen – einige gehen auf in einer wahnsinnigen Suche nach Glück, andere sehen ihr Ziel immerzu vor sich.* Nein: I don't look for riches. *Ich strebe nicht nach Reichtümern.* Ohne Ärmlichkeit bin ich arm. Verkaufe einen Teil meiner Arbeitskraft. Bin Kopfproletarierin. Gehorsam?

»but only those that pause, and look, and learn about themselves,
will reach the winding road uphill, which never ends«,

heißt es weiter im selben Gedicht. *Aber nur die, die haltmachen und sich umsehen und sich selber erkennen, nur die finden den Pfad, der sich hügelauf-wärts windet und nie aufhört.* Ja: gehorsam bin ich. Wem? Dem Weg, der Straße, der Richtung, der Suche. Horche auf die innere Stimme, die sagt: tu, geh, laß, warte, sitz still, schweig, sprich aus! Ich erwache aus einem Traum und spüre: befaß dich damit, geh da weiter, mal das Bild, das du gesehen hast! So stark kann das sein, daß ich weiß: wenn ich nicht gehorche, versündige ich mich an mir selber. Und gehorche, als gälte es mein Leben. Gehorche wie Parzival, der auszieht, um Ritter zu werden. Der auszieht, weil er nicht nicht gehen kann.

Seit ich gehorche, ist mein Leben reich und schwer. Vorher war es leichter und leerer. Ge-horcht habe ich damals auch, oder eher: ich war folgsam. Ordnete mich unter, fügte mich ein, paßte mich an. Es gab ja genug – Menschen und Institutionen –, die mir geboten und verboten. Ich hoffte, das Gerüst aus Geboten und Verboten biete mir Sicherheit, gewähre Geborgenheit, si-chere mir Liebe, Geliebtwerden. Aber es schränkte nur meine Bewegungsfreiheit ein und ließ mich im Kern unsicher und schwach. Seit ich nun in mich hinein ge-horche, ist in mir ein Stab und Stecken, mit dem ich gehen kann. Und das ist eigentlich genug.

Perlmutter. Mother of pearl. Die schönen alten Perlmutterknöpfe an meinem Mantel. Die Mu-schel, die innen so seltsam beschichtet ist. Ein Ring, ein Schmuck mit einer Perle. Das Weiß ist milchig und schimmert. Da ein Hauch Rosa, hier ein bläuliches Schillern, dort ein grünliches Glänzen, als brächen sich im Muschelrund kleine Regenbogen. Tief im Meer, in seinem Rauschen und seinen Wellen, wohnen die Muscheln, und verborgen und verschlossen schimmert in ihnen drin ihr Innen: seidig und geheimnisvoll. Und hie und da bildet ein Muscheltier um einen Eindringling herum eine Perle und formt sie – länglich unregelmäßig oder makellos zur Kugel.

Früher habe ich dieses Material gehaßt – diese runden, kalten Knöpfe an den Kissen, die ich frisch beziehen mußte; dieses undurchdringliche milchige Schimmern, sanft und weich, vor dessen Berührung mich schauderte. Glasklar und hart und wasserrein sollte er sein, der Stein an meinem ersten Ringlein, das ich mir wünschte zur Konfirmation. Und auch bekam. Ein kleiner Brillant. Wie die Wende kam, weiß ich nicht zu sagen. Nur daß so manches, was mir einst ein Graus war, zu meinem Staunen seinen Ekel und Schrecken verlor und ich Gefallen daran fand. Heute schaue ich hinab in die Muschel und sehe ihr Schillern am Grund. Lasse mich tragen vom Meer. Leise schaukeln mich die Wellen. Schimmernder, schillernder Urgrund des Seins, fruchtbarer Schoß. Hervorbringende Wasser der Tiefe, verschlingend, gebärend. Stella maris. Venus aus der Tiefe, muschelgeboren. Perlmuttern bin ich Mönchin.

Das ist neu für mich. Ich komme ganz woanders her. Reformiert bin ich aufgewachsen. Meine Eltern haben mich in die Kirche Zwinglis hinein sozialisiert; Puritanismus und Calvinismus sind nicht spurlos an mir vorübergegangen. Beinahe wäre ich erstickt an einer »religion civile«, an einer Glaubenshaltung, die sich auf bürgerliche Wohlanständigkeit und Tugend verengt, eine Religiosität, die Rousseau für die bürgerliche Kultur einer Demokratie unerläßlich fand. Alles lief auf eine klassische »Gottesvergiftung« hinaus; das Krankheitsbild war in Ansätzen schon deutlich zu erkennen[1].

Doch dreimal stellen sich mir Frauen heilend in den Weg und wenden das Blatt. Als ich in wissenschaftlicher Verkopfung zu verdorren drohe, drückt mir meine Berner Schlummermutter »Bewußtes und Unbewußtes« von C. G. Jung in die Hand[2]. Ich lese staunend, wie Jung nicht von Gott, sondern verhalten und vorsichtig vom Gottesbild, von der imago Dei, schreibt. Damit kann sich mein geschwächtes Hochschulhirn anfreunden, und tief drunten im Muschelgrund atmet erfrischt und erleichtert die Seele auf und hofft auf bessere Zeiten.

Als ich, eingespannt in den Beruf, tüchtig und strebsam, hilflos und einsam, vor dem Kranksein und Sterben der Mutter stehe, leiht mir eine Frau, die ich kaum kenne, Paul Tillichs »Mut zum Sein«[3]. Sobald ich kann, verziehe ich mich ins Bauernhaus/Atelier eines Maler/Bildhauer/Freundes und lese, exzerpiere, verdaue – eine ganze stille weiße Winterwoche lang. Dann weiß ich, worauf es mir in Zukunft ankommen wird: Individuation – ich selber sein und werden – und Partizipation – Teilhabe am Sein, am Du, an der Welt, an Gott, was immer das ist.

Als ich wegen politischer Konflikte die Tageszeitung verlasse, halbtags arbeite – geschützt und abgesichert durch die volle Berufstätigkeit meines Mannes, denn mehr Risiko wage ich damals nicht –, geduldig mit Körperarbeit, mit Atmen, Spüren und Bewegen immer mehr Schutt von meiner Seele wegräume, nimmt mich mein früherer Zeitungskollege mit an ein UNO-Seminar in Groningen. Dort wird ein Vortrag von einer Catharina J. M. Halkes von der katholischen Universität Nijmegen über das Menschenbild in der feministischen Theologie angekündigt. Ich stehe Kopf vor Begeisterung. Die »chairman« des Kongresses – sie weigert sich, ihr Schild in »chairperson« oder »chairwoman« abändern zu lassen – bringt uns am Vorabend zusammen. Es ist Liebe, Erkenntnis, sisterhood, Freundschaft, ein Von-Seele-zu-Seele auf den ersten Blick! Anschließend bestätigt das Referat, ausdrücklich und systematisch, was die Begegnung in jeder von uns hat aufsteigen und von der einen zur andern hat fließen lassen. So muß das gewesen sein für Menschen, die Jesus begegnet sind. Diese Art von Bezug, Funken, Gemeinschaft. Erweckend. Erleuchtend. Seither rauscht es wieder auf aus perlmutterner Tiefe. Dank euch Frauen!

Seither bin ich einen langen Weg gegangen. Der alte Gott ist mir gestorben. Die Kirche aus Lehre und Stein ist mir eingestürzt. Die Grenzen zwischen Konfessionen und Religionen, wahrem Glauben und falschem Unglauben haben sich mir verwischt. Es ist aus mit dem Enthaltensein. Ich komme zu Fall. Falle aus dem Rahmen, verliere meine Heimat. Seit dem Fall habe ich nur noch Her-Kunft. Gefallen bin ich die Tochter, die verloren bleibt. Im Wirbel des Fallens kämpfe ich, strebe ich, ringe ich, suche ich, denke ich, zerbreche mir Herz und Hirn, wühle in Altem, jage Neuem nach, glitzerndes Kaleidoskop immer wechselnder Bilder und Trümmerhaufen, wo kein Stein mehr auf dem andern ist. Obwohl ich es verzweifelt versuche: im Fall gibt es kein Sich-Einrichten mehr. Ich falle durch den Fall hindurch – und jenseits von allem Wollen und Können geht mir die Grünkraft auf. Nach der Vaterwelt des Glaubens und durch die feministische Theologie hindurch erfahre ich mich selber als gott-unmittelbar. Ich werde eine religiöse Selbst-Versorgerin: ich werde aus dem Selbst versorgt. Wasser bricht auf in der Wüste. Brot statt Steine. Blumen und Früchte statt Buchstaben und Bücher. In allem Sterben und Auferstehen ist es die jahrtausendealte Erfahrung, von der unsere Schwester Hildegard von Bingen schreibt: »Der lebendige Geist geht aus, wird grünender Leib und bringt seine Frucht: – Das ist das Leben.«[4]

Und jetzt, Mönchin, bedarf es der Danksagung an einen Mann. Frauen zu danken war leicht. Aber der Dank an dich, Mann, würgt im Hals. Zu viel habt ihr uns angetan, über Jahrtausende, ihr Männer, das System, das Patriarchat. Zu viel haben wir erlitten von euch, gelitten durch euch, und er-leiden noch immer, tagtäglich, alltäglich: Einschränkung, Benachteiligung, Vergewaltigung, eine fertig-gemachte, von euch an den Rand des Abgrunds entwickelte Welt. Herabsetzung, Verachtung und Unterdrückung in allen Spielarten von subtil bis sackgrob, von wohlwollend-bevormundend bis vernichtend-brutal. Darum Zorn, Wut, Abwehr. Ein Vorwurf. Ein Schrei. Unermeßlich. Unaussprechlich. Er gilt euch Männern, allen, jedem. Auch dich, Einzel-Mann, kann ich nicht ausnehmen von diesem namenlosen Groll. Auch wenn ich es weiß, Mann, und es dir danke: Schallmauerdurchbrecher. Scham-loser Eindringling, der sich nicht abhalten ließ von meinen Zinnen. Löser. Helfer. Handreicher. Herberger. »He offered her a studio«, heißt es in einem Bericht über Georgia O'Keeffe, Malerin, und Alfred Stieglitz, Photograph. Du gibst mir Raum für eine Sommer-Rast: Julivollmond, meine Geburtszeit, Löwensonne und Jungfrau. Frühmorgens am Himmel Orion, mein Wintergestirn. Gast bin ich, Pilger-Frau, mit einem Fuß abgestiegen im Land der Väter, im Herkunftsland von Judentum, Christentum: ex oriente lux. Und drunter tiefe, tiefe Schichten von Wurzelgrund, Quellgrund, Mutterboden. Und Meer und Muscheln. Tosen von Wellen und Wind. Treiben in Warm und Blau und Grün. Sand um die Füße. Salz auf den Lippen. Muschelkind. Perlmutternes Glänzen. Über die alte, uralte Erde gehen, den Felsen, die Steine. Um mich Sonne und Glut und flimmernde Luft, Bäume und Kräuter. Und nachts der Mond und die Sterne und saftige Früchte. Dank dir, Mann!

ENTHALTENSEIN

Blatt
hauchdünn in meiner
Hand
dein Schicksal
will ich dir lesen

unangreifbar
warst du bei deines-
gleichen versteckt
gekrönte Tage
Grün über Grün

MARGOT SCHARPENBERG[5]

Wir alle sind kulturell in der Schuld des Vaters.

HÉLÈNE CIXOUS[6]

So all these leaders, parking meters,
are all substitute fathers,
wether they be religious or political …

JOHN LENNON[7]

*Letztlich sind all diese Führer,
diese Parkuhren-festen Haltepunkte,
nichts als Ersatz-Väter,
seien sie nun religiös oder politisch …*

»Ein Gott und Vater unser aller«

Am 22. September 1946, noch am Tauftag, bescheinigt das Pfarramt den Vollzug der Taufe«. Mein Vater hat mich selber getauft. Das Pfarramt ist mein Vater, mein Vater ist das Pfarramt. Der schwarz-rot gedruckte Taufschein der evangelisch-reformierten Kirche des Kantons Aargau, Kirchgemeinde Rheinfelden, zeigt im obersten Viertel ein Kreuz und die Worte »Ein Herr, Ein Glaube, Eine Taufe, Ein Gott und Vater unser aller«.

Geboren hat mich meine Mutter, in einer langen Nacht vom dritten auf den vierten Juli, im weiß gekachelten Gebärsaal des Bezirksspitals. Getragen hat mich meine Mutter, neun lange Monate lang, durch einen verschneiten Winter hindurch, in einen Frühling hinein und bis zum Anbruch des Sommers, bis Kanonenböller mich begrüßen am ersten Jugendfest nach dem Krieg. Beherbergt hat mich in ihrem Leib eine Mutter – von jenem ersten Augenblick an, wo eine Kette von Ereignissen ihren Anfang nahm, in der Kirchgemeinde Lütisburg, tief hinten, hoch oben im Toggenburg, wo die Thur eine spitze Schleife zieht ums Dorf herum, um die Häuser und Kirchen der Katholiken und Protestanten. Gezeugt, ins Leben gerufen, haben mich beide. Ein Ei, ein Same, eine Mutter, ein Vater. Mutter unser aller, vergib ihnen, denn sie wissen nicht, was sie sagen.

❖

Am Samstag werde ich gebadet. Wohlig plätschere ich im Wasser, und der Wind trägt mir das Abendläuten zu. Es lütet dr Sunntig ii – der Sonntag wird eingeläutet. Noch feucht schaue ich, in ein weiches Tuch gehüllt, aus dem kleinen Fenster über die dunkeln Dachziegel zu den Glokken. Abendluft, Klingen, volles, reiches Schwingen. »Lobe den Herrn, meine Seele, und alles, was in mir ist, seinen heiligen Namen.« Ich bin glücklich. Alles ist gut. Wie wenn ich auf der Empore neben Fräulein Peter auf dem Orgelbänklein sitze und zusehe, wie ihre Füße über die großen Holztasten am Boden gleiten. Das ist ein Wunder das. Und mein Vater unten in der Kirche, groß und schön. Schön und groß und stark sein Gesicht, als er mich besorgt emporreißt und mit mir zum kleinen Brunnen aus rotgebrannten Kacheln hastet und mir Wasser aus der hohlen Hand auf den Hals schüttet, wo mich eine Wespe gestochen hat. Wenn ich groß bin, werde ich ihn heiraten.

❖

Grad und aufrecht stehe ich auf den Stufen zum Pfarrgarten. Zinnsoldat. Neben mir Spalierobst. Aufgebunden, angebunden, zurechtgeschnitten für ein vorgezeichnetes Wachstum. So und nicht anders. Beine und Füße korrekt nebeneinander, die Ärmchen an den Rumpf gepreßt, die Zöpfe säuberlich um den Kopf gebunden, die Fransen comme il faut – *wie es sich gehört* – in die Stirn gekämmt. Ein Kinderlächeln. So ein süßes Kind. Sonnenschein.

Ich hocke auf der Treppe im Hinterhof des Wirtshauses. Unter dem karierten Schottenrock schiebt sich unternehmungslustig ein Fuß hervor. Eine Faust umklammert etwas; mit der anderen Hand schiebe ich mir Essen in den Mund. Die Zöpfe hängen wild herunter, die Stirnfransen sind zerzaust. Die weißen Puffärmel meiner Bluse bauschen sich und flattern. Ich schaue ernst, entschlossen und ein bißchen wütend in die Welt hinaus. Mit der Tochter der Wirtsleute bin ich immer wieder ausgerissen. Als man uns am Pfingstsonntag bei der Kiesgrube findet, werde ich verhauen und am hellichten Tag ins Bett geschickt. Heulend bitte ich um Suppe, Suppe wenigstens, die habe ich ja nicht einmal besonders gern. Aber nein, Strafe muß sein. Als ich mich tief in den Finger schneide, weil ich die hungrigen Vögel mit Käserinde füttern will, wird mir der Hintern versohlt. Paß doch auf. Mach doch nicht so gefährliche Sachen. Laß das.

❖

»Das ist mein einziger Trost im Leben und im Sterben: daß ich mit Leib und Seele, im Leben und im Sterben, NICHT MEIN, sondern MEINES TREUEN HEILANDES JESU CHRISTI EIGEN BIN, der mit seinem teuren Blut für alle meine Sünden vollkommen bezahlt und mich aus aller Gewalt des Todes erlöst hat und also BEWAHRT, daß OHNE DEN WILLEN MEINES VATERS IM HIMMEL KEIN HAAR VON MEINEM HAUPTE FALLEN KANN, JA MIR AUCH ALLES ZU MEINER SELIGKEIT DIENEN MUSS.«

Verfälscht und bruchstückhaft sind diese Sätze aus dem Heidelberger Katechismus in meinem Computer einprogrammiert. Zur Konfirmation müssen wir sie auswendig lernen und aufsagen. Wir – schwarz, anthrazitgrau, dunkelblau gewandete Mädchen und Jungen auf der Schwelle zum Chor der Schlachtkapelle von St. Jakob an der Birs, über deren Eingang »Unsere Seelen Gott, unsere Leiber den Feinden« steht. Wir – vor dem ersten Abendmahl, das zum schauerlich griesgrämigen Totenmahl wird an jenem winterlich kalten, verregneten Karfreitag, der mir nichts Gutes verheißt: auch das erwachsene Leben wird Schmerz und Leid, Gräue und Jammertal sein von nun an bis in Ewigkeit. Amen. Kummervoll und trostlos und ohne den geringsten Anflug von Seligkeit leiern wir unseren Text herunter.

Mir rutscht die glatte Lacktasche vom Schoß und knallt auf den Boden. Ich schäme mich und werde rot. Elend und traurig weine ich ins Nastuch von Großmutter Schindler hinein. Vor lauter Spitzen finde ich kaum das würfelzuckergroße Stück Batist, in das sich richtig schneuzen läßt. Ich hätte gern ein Papiertaschentuch. Hinter meinem Rücken wischen sich meine Mutter und meine Patin/Gotte ihre Tränen mit genauso feinen Tüchlein ab. Säße meine Mutter doch nicht so elegant in ihrer Kirchenbank – steif und aufrecht mit weiß aufgekrempeltem Hut, mit weiß gerafften Handschuhen, die kurz vor dem Ellbogen in die schwarzen Ärmel ihres makellosen Kostüms hineinschlüpfen. Wäre sie doch weicher, wärmer. Säße mein Vater doch nicht allein

24

oben auf der Empore. Wäre er doch näher und nicht so weit weg von mir. »Er ist wenigstens gekommen«, heißt es nachher.

Ich lasse meine Wünsche und Phantasien nicht ver-laut-en, sondern bete still und inbrünstig die Verse aus dem Heidelberger Katechismus vor mich hin. Ich forme sie mir um zum magischen Zauberspruch, verwandle sie in eine Tarnkappe, die mich unsichtbar, unangreifbar, unverletzbar macht: nie im Leben wird mir etwas oder jemand etwas anhaben können, denn alles – schlicht einfach alles – WIRD MIR JA, MUSS MIR JA ZU MEINER SELIGKEIT DIENEN. Was kann mir denn noch geschehen? Ich imprägniere mich mit dem Schutzlack »Der Wille meines Vaters im Himmel«. Ich liefere mich der Obhut des Gottvaters aus: er wird sich um mein Haupthaar und alles und jedes in meinem Leben liebevoll, behütend, bewahrend kümmern und alles zu meiner Seligkeit richten, zu meinem Besten, auch wenn es mir im Moment vielleicht nicht so vorkommt. »Ich will ja nur dein Bestes«, höre ich auch Mutter immer wieder sagen. Ich bin fein raus: unangreifbar, UNANGREIFBAR, UNGREIFBAR, UNBERÜHRBAR, UNRÜHRBAR bin ich dem Spiel und Treiben dieser bösen, bösen Welt enthoben, entgangen, entwischt.

So trickse ich mich aus. Nur auf eines muß ich achten: daß ich bloß NICHT MEIN bin, NICHT MEIN EIGEN, NICHT ICH, NICHT EGOISTISCH. »Du muß immer daran denken, wie das auf die andern wirkt«, sagt Mutter und meint mit den andern sich selber. Ich soll MEINES TREUEN HEILANDES

Jesu Christi eigen sein, der so für mich gelitten hat – es wird mir fast schlecht, als ich mir das so richtig genau auszumalen versuche –, der für mich gestorben und auferstanden ist, der mir das ewige Leben in Aussicht stellt. Was willst du auf dieser jämmerlichen Erde überhaupt dein eigen sein: es lohnt sich ja doch nicht!

Doch seltsam: wenn ich in mich hineinhorche, höre ich diese Formel »meines treuen Heilandes Jesu Christi eigen« nie in meiner eigenen Stimme, sondern immer in der des Pfarrers, der mich konfirmiert hat. Dies ist nicht meine Stimme, nicht Stimme aus mir – dies ist fremde Stimme, die mir von außen etwas sagt: ein Wort, einen Namen, eine Chiffre. Niemals war ich, ICH – die ich ja noch gar nicht MEIN EIGEN war – dieses blutleeren Phantom-Heilandes eigen: ich versuchte ja bloß, NICHT MEIN EIGEN zu sein, weil ich sonst der beschützenden Fürsorge meines »Vaters im Himmel« verlustig gegangen wäre. Und nicht mein eigen zu sein, letztlich: NICHT ZU SEIN, gelang mir gut: ich verzichtete auf eigene Wünsche, Vorstellungen, Ziele, Ansprüche, Aussagen, Gefühle, Wutausbrüche, Sehnsüchte, Träume, Lüste. Und ich war es nicht einmal leid: es konnte ja nur »meiner Seligkeit dienen«.

Nur eines macht mir immer wieder Kummer: der engelhaften Reinheit und Erhabenheit »meines treuen Heilandes Jesu Christi« vermag ich einfach nie zu entsprechen. Immer wieder falle ich in Sünde und lege halt mir und nicht meiner Mutter die größere Banane auf den Dessertteller. Und insgeheim hasse ich diesen Heiland für seine übertriebenen moralischen Forderungen und verachte ihn gleichzeitig, weil er so langweilig ist. Trotzdem bin ich erleichtert, als mir mein alter pfarrherrlicher Brieffreund eine auf meinen Fall zugeschnittene Formel zur praktischen Ausübung der Nächstenliebe vermittelt: »Denk, tu und sag nie etwas, das deiner lieben Mami weh tun könnte!«

Damit hatte ich das Rezept an der Hand, wie ich der Gefahr, mein eigen zu sein und so die Protektion aus dem Himmel zu verlieren, ganz gewiß entgehen konnte. Der Verzicht, MEIN EIGEN zu sein – und dies schon in der Phantasie, erst recht aber in Reden und Taten – brachte mir zweierlei ein: die absolut verbindliche und absolut bindende Aufopferung der irdischen Mutter, die »ja nur mein Bestes wollte«, und die absolut verbindliche Zusage meines Vaters im Himmel, daß alles, JA AUCH ALLES MEINER SELIGKEIT DIENEN müsse und werde. Was denn »meine Seligkeit« eigentlich sei, würde er sicher ebenso wissen, wie sich meine Mutter offenbar über »mein Bestes« im klaren war. Und ich war bereit zu akzeptieren, daß auch Böses, Trauriges, Schlechtes, Schmerzliches und Leidvolles, Verzichte und Opfer ihren verborgenen Sinn hatten und letztlich meiner Seligkeit dienen würden. Die Vorstellungskraft und der Mut, daß ich das Wohlwollen und Besserwissen meiner Mutter auf Erden und meines Vaters im Himmel in Zweifel ziehen könnte, gingen mir gänzlich ab. So vertraute ich denn darauf, daß mein Leben so, wie es war, bereits jetzt zum Lohn für meine zweifelsfreie

Gefügigkeit das beste aller mir möglichen Leben sei und alles, was geschah oder unterblieb, in der Tat meiner Seligkeit diente. Was wollte ich mehr, was konnte/durfte ich mehr wollen als dieses behütete Enthaltensein in Mutter und Vater? Ich hatte mein »broken home« – *mein zerbrochenes Zuhause* – mit einer gigantischen kosmologischen Konstruktion geflickt. Und das war, in der Tat, mein einziger Trost.

Wenig hat den Rhythmus meiner Schuljahre so geprägt wie der sonntägliche Kirchgang: a must – *ein absolutes Muß*. Sehen und gesehen werden. Wie im Abonnementskonzert. Die und die sind wieder nicht gekommen. Vielleicht sehen wir den und den. Diese Frau hat wirklich keinen Geschmack, wie kann man nur so herumlaufen. Zieh bitte deinen Hut an und nimm die Handschuhe mit. Hast du das Gesangbuch nicht vergessen? Unausgeschlafen kaue ich am Sonntagsbrot, am geflochtenen Teigzopf, herum. Ich möchte in Ruhe frühstücken – der einzige Tag, an dem ich ausschlafen kann, könnte! Mutter hat wenigstens am Samstag frei, aber ich habe sechs Tage lang um sieben oder acht Uhr Schule. Verdammt nochmal. Dennoch: ich trabe brav, Sonntag um Sonntag, an Mutters Seite hinunter zur Kirche. Ein Fußmarsch von einer Viertelstunde. Meistens müssen wir uns beeilen. Oft hetzt uns die nervös helle und hohe Glocke die letzten Meter am Albanteich entlang, vorbei an einem Kanal, den sich vor Jahrhunderten die Zisterzienser zu ihrem Kloster St. Alban gebaut haben. Oft hören wir den Pfarrer schon mit knirschenden Schritten über den Kiesweg von der Sakristei zur Kirche gehen, während wir die Mauer um das Kirchenareal entlang hasten und gerade noch, bevor der Sigrist/ Küster die Türen schließt, durchs Hauptportal huschen. Gleichzeitig macht der Pfarrer, ruhig und gemessen, im schwarz wehenden Talar seinen Auftritt durch die Türe in den Chorraum der Kirche. Aha. Sie sind also doch noch gekommen. Brausen der Orgel. Bei den ersten Akkorden weiß man schon, wer heute spielt. Mutter und Tochter in Kostüm und Hut. Wie reizend.

Mutter, wie so oft, weint. Ich, wie so oft, interessiere mich wirklich für die Predigt, die Gedanken, die von der Kanzel kommen. Der Mann hat etwas zu sagen. Mir geht das in den Kopf. Es beeindruckt mich, beschäftigt mich. Aber ich bin allein, bleibe allein. Kann mit niemandem darüber reden. Zum Abschied schüttelt der Pfarrer die Hände. Auf dem Heimweg redet man über die Predigt. Wieder war sie »gut«, »hervorragend«, »beeindruckend«, »wunderbar«. No further comment – *kein weiterer Kommentar*. Nachher muß gekocht, gebacken, eingeladen, besucht, spaziert werden. Immer ein Programm am Sonntag. Und in mir mottet es weiter, daß ich es wieder nicht erlebt habe, daß der alte Adam stirbt und der neue Mensch aufersteht, daß ich wie immer, Sonntag für Sonntag, enttäuscht, verhungert, stumm und verzweifelt, tot aus der Kirche hinausgehe. Wieder nichts. Erleuchtung bleibt aus. Belebung läßt auf sich warten. Worte. Immer nur Worte. Worte davon. Worte darüber. Aber nie ist es lebendig. Nie geschieht es. Nie wirklich. Wie ich sie verstehe, Eliza Doolittle, die – zur »Fair Lady« abgerichtet – ihren redseligen Verehrer voll Verzweiflung anschreit: »Words! Words! Words! I'm so sick of words!« *Worte! Worte! Worte! Ich hab so genug von Worten!*[8] Ja, mich kotzt das auch an. Zunehmend. Ratlos schaue ich hinauf zum Jacobus major, zum Heiligen Jakob, der mit Wanderstab in der Hand und Pilgermuschel am Hut auf der Empore steht und sich, den Blick nach oben – wohin? –, auf seinen Weg macht. Süchtig macht es mich, dieses Reden von, dieses unablässige Reden über, süchtig, sehnsüchtig – und hält mir doch nichts entgegen als Steine. Steine, die meinen Hunger nicht stillen.

Jemand, die mir Brot gibt

Brot statt Steine. Da ist jemand, der mir Brot gibt. Die mir Brot gibt. Großmutter Schindler. Vor Papi gab es einen andern Mann im Leben meiner Mutter. Aber als ihr Verlobter, Assistent am wirtschaftswissenschaftlichen Institut, Unterschlagungen gemacht hatte, löste Mutter die Verlobung auf. Die Beinahe-Schwiegermutter und die Beinahe-Schwiegertochter blieben jedoch Freundinnen, behielten einander gern, besuchten einander. Und so habe ich wenigstens eine Großmutter: die »falsche« Großmutter Schindler. Denn Vaters Mutter ist gestorben, als er acht Jahre alt war, und »Mamama« ist Großvaters zweite Frau. Und Mutters Mutter, Lina Voramwald aus Trachselwald, hat ihr Kind gleich nach der Geburt zur Adoption weggegeben.

Bleibt Großmutter Schindler. Eine kleine, zerbrechliche, schwarz gekleidete Gestalt mit schütterem, weißem Haar, nach hinten gekämmt, zu einem Hauch von Knoten zusammengesteckt. So kam sie mir im Türrahmen entgegen, wenn sie zur Begrüßung aus ihrer Wohnung in den muffigen Hausgang hinaustrat. Immer bat sie uns so hinein und sagte »Sissi« zu meiner Mutter – »Sissi«, ihr Kosename aus jener Zeit der Verlobung, »Sissi«, meine Mutter, die Braut eines anderen Mannes. Im Sommer führte uns Großmutter Schindler auf die grün gestrichene Terrasse. Man sah von dort auf die Gärten hinter dem Haus und einen Spazierweg mit schönen alten Bäumen. Der Weg führte aus der Stadt hinaus in den Allschwiler Wald und ins »Paradies«, wo Großvater einen Schrebergarten hatte. Zum Zvieri, der kleinen Zwischenmahlzeit um vier Uhr, gab es Tee und Därtli, kleine Törtchen, die ich – Großmutters abgewetztes schwarzes Portemonnaie in der Hand – selber in der Konditorei um die Ecke aussuchen durfte. Im Winter brachte sie uns in die Stube, wo wir neben dem Ölofen um den Tisch herumsaßen. In einem Kasten auf der Terrasse lagen die alten Tarzan-Heftchen ihres Enkels und abgelegte Nummern vom »Gelben Heft« und der »Schweizer Familie«; die holte ich mir zum Anschauen, Blättern, Lesen. Ich war selig. Obwohl nie etwas geschah bei Großmutter Schindler, habe ich mich nie bei ihr gelangweilt. Während ich mit halbem Ohr dem Gespräch von Großmutter und Mutter folgte, nahm ich die Gläser und die verschiedenartigen Mokkatassen aus ihrem Buffet, betrachtete die alte Standuhr, die zur vollen Stunde klingelte und schlug, durchsuchte ihre Küche, fuhr mit den Händen am schwarzen, mit silbern glänzenden Stangen umfaßten Herd entlang, wühlte in den Wandschränken. Alles war interessant, alles lebte. Ihr Badezimmer, wo ein Mundwasser aus Kamillentinktur stand. Ihr Schlafzimmer, in das sie mich nie hineinließ. Immer nur hineinspähen konnte ich, wenn sie etwas holte: zwei riesige dunkle Betten mit hoher Bettstatt, hochaufgeworfen blütenweiße Kissen und Decken und über dem Kopfende goldgerahmt ein heller Jesus, der mit seinen Jüngern durchs Kornfeld schreitet, sanft und lehrend.

Großmutter Schindler betete vor dem Essen. Was immer wir anderen taten, wenn angerichtet und geschöpft war: sie faltete erst die Hände im Schoß, senkte den Kopf, schloß die Augen und dankte stumm. Dankte – dabei hatte doch sie das herrliche Essen auf den Tisch gestellt! Sie, die um die Jahrhundertwende in Paris als Herrschaftsköchin gedient und dort die ersten Autos gesehen hatte! Sie, die dort die Elektrifizierung mitgemacht hatte und in der Oper gewesen war, sie ging auch in Basel immer noch ins Theater, nur in Opern, aber was war das schon gegen Paris! Sie, bei der aus jedem Salatkopf, den Großvater, mürrisch und wortkarg, von seinem Pflanzblätz, dem Schrebergarten im »Paradies«, nach Hause brachte, etwas Besonderes wurde. Überhaupt: bei ihr war alles ganz einfach herrlich und fein und gut und paradiesisch, die jungen Erbsen, der zarte Kalbsbraten, die sonnenwarmen Himbeeren, die

sie im grün gestrichenen, grün überwucherten
Gartenhäuschen im »Paradies« vor uns hinstellte,
in einer braunen Teigschüssel, mit leicht geschla-
genem Rahm drüber, so köstlich: »Gott sei Lob,
Preis und Ehr!«

Zu ihr ging ich hin, ich war inzwischen zwanzig, als ich meinen ersten Kuß bekommen hatte,
als ich meinen ersten richtigen Freund hatte und
mir Mutter ein langes Gesicht machte, weil er
katholisch war. Zu ihr ging ich hin mit meiner
späten Mädchennot und setzte mich zu ihr in die
Küche, in den leise ächzenden Korbsessel, in dem
Großvater seine krumm gezwirbelten »Brissa-
go«-Zigarren rauchen mußte, weil Großmutter
»diesen Gestank« nicht duldete in der Stube, und
klagte ihr mein Leid. Sie wollte wissen, ob er
streng katholisch und von den Priestern abhängig
sei. Und als ich sagte: nein, fand sie, daß das alles
doch nicht so tragisch sei. Zu ihr hatte ich mich
vor dem Zorn und der Eifersucht meiner Mutter
geflüchtet. Bei ihr, der Leidbeladenen, soviel wußte
ich von ihr, erhoffte ich Verständnis. Bei ihr, der
Gramgebeugten, soviel hatte ich von ihr verstanden, erwartete ich Mitgefühl und Zuwendung
und ein bißchen gütige Wärme. Einen Sohn hatte
sie jung an Leukämie sterben sehen. Der andere,
der Verlobte meiner Mutter, hatte sich in Betrüge-
reien verstrickt, weil er im Spiel verloren hatte –
er, der blitzgescheite Hochschulassistent aus ärmli-
chen Verhältnissen, eidgenössischer Zollbeamter
war sein Vater, er stammte nicht wie die anderen,
die farbentragenden Herren Studenten, aus guten, reichen Häusern. Jahrelang mußten die El-

tern die Schuld abstottern, und Großmutter Schindler sparte an allem, wo es nur ging. Mutter löste die Verlobung auf. Der Mann fand eine andere Frau, später, und hatte einen Sohn und eine Tochter. Aber eines Tages ging er ins Wasser. Bei Großmutter Schindler hing ein Bild von einem Fluß. Da war's, dachte ich immer mit geheimem Schaudern, da hat er sich umgebracht. – Mit Geduld, mit Mühe und Hingabe zog Großmutter Schindler den schwierigen, verstörten Enkel auf. Als er, endlich, ein bißchen gefestigt und auf dem aufsteigenden Ast ist und in einem Hotel in den Bergen seine Lehre als Koch macht, stürzt er am Abend beim Spazierengehen nach der Arbeit ab, fällt hinunter in eine Schlucht, die Leiche finden sie erst Tage später, und Großmutter Schindler, zerbrechlich klein und immer schwarz angezogen, Großmutter Schindler, der das Haus über dem Kopf einstürzt, Großmutter Schindler betet und dankt über den wunderbaren Gerichten, mit denen sie andere speist an Leib und Seele. Mysterium fidei. Geheimnis des Glaubens.

Eine Freundin hat sie. Das Fräulein Pfarrer. Mit ihr redet sie. Sie kommen zusammen. Sie geht auch zu ihr in die Predigt, aber vor allem kommt das Fräulein Pfarrer zu ihr. Ich stelle mir das vor. Zwei Frauen. An einem Tisch. Und reden. Von Gott. Über das Leben. Den Tod. Über sich. Ihre Schmerzen. Ihre Freuden. Den Sinn. Schweigen zusammen. Weinen zusammen. Beten zusammen. Stärken sich. Gegenseitig. Am selben Tisch, an dem wir essen. Nie hatte ich etwas Seltsameres, Merkwürdigeres gehört. Nichts verstand ich, und doch war das, mußte das, dachte ich, genau das sein, was ich meinte. Und immer wollte. Sehnte. Und nie bekam in der Kirche aus Wort und Stein.

Jahr für Jahr wurde die Schrift auf Großmutters Weihnachtskärtlein krakeliger. Jahr für Jahr lagen ihre Glückwünsche »für Sissi und Urseli« mit Mistelzweig und Banknote in einer mit Geschenkpapier ausgeschlagenen Schachtel voll selber gemachtem Weihnachtsgebäck, das immer formloser wurde, von Advent zu Advent. Die Umrisse verschwammen. Über achtzig, über neunzig, uralt war Großmutter Schindler, als sie starb. Zur Beerdigung bin ich nicht gegangen. Ich wollte nicht wahrnehmen, nicht wahrhaben, daß ich sie verloren hatte. Diesen Rest Wärme, dieses Stück Brot.

Gotteswort aus Männermund

Trotz Großmutters Fräulein Pfarrer war mir als Mädchen ganz klar, daß eigentlich nur Männer Pfarrer, Pfarrer nur Männer sein konnten. Und zwar schon darum, weil Männer dem allgemein Menschlichen einfach näher stehen als Frauen, die dem spezifisch Weiblichen immer stärker verhaftet bleiben. Fand ich. Das zeigte ja schon die Sprache: außer im Deutschen, wo »Mensch« und »Mann« zwei ganz unterschiedliche Wörter sind (so sah es wenigstens aus), waren im Französischen, Italienischen und Englischen die Bezeichnungen für »Mann« und »Mensch« identisch: homme/homme, uomo/uomo, man/man. Wenn das kein Beweis war! Und die Frau, die Frau eben,

wich ab von diesem Menschenmann: homme/
homme – femme, uomo/uomo – donna, man/
man – woman, die vom Mann abgeleitete woman. Mutter ließ keinen Zweifel daran aufkommen, daß das auch für sie so war. Naturgegeben,
gottgewollt.

◇

Es gab noch ein zweites Fräulein Pfarrer in
Basel. Aber da gingen wir nie hin, wenn sie predigte. Mutter hatte es, das Fräulein Pfarrer, noch
zu ihren Pfarrfrauenzeiten kennengelernt und in
ihrem Pfarrhaus empfangen – und äußerte sich
abschätzig. Ein Mann mußte er sein, der Diener
des Wortes Gottes, der Verbi Dei Minister (VDM).
Wie Vater. Dem Mutter das weiße Beffchen ge-
stärkt und gebügelt und am Vorabend bereitge-
legt hatte, damit er diese Zier über dem weiten
schwarzen Predigermantel, in die Kirche einzie-
hen und seinen Dienst am Wort tun konnte, der
Herr Pfarrer. Dem Mutter in einer weiten schönen Schale lauwarmes Wasser gerichtet hatte und
je nach Jahreszeit Immergrün oder ein Blumen-
kränzchen drum, damit der Herr Pfarrer taufen
konnte »auf den Namen des Vaters, des Sohnes
und des Heiligen Geistes« all die Kinder, die die
Mütter geboren hatten. Dem Mutter das frische
Brot zurechtschnitt, damit er es, Bibelworte flü-
sternd, der Gemeinde brechen konnte, »auf daß
es euch stärke bis ins ewige Leben«. Dem Mutter
im Krieg Kuchen buk aus Haferflocken und Auf-
läufe aus altem Brot, damit der Herr Pfarrer ein
offenes, gastfreundliches Haus führen konnte, wo

man aus ging und ein und immer so wohl gelitten war und so gut bewirtet. Ihm zuliebe unterrichtete Mutter in der Sonntagsschule kleine Kinder, machte Krankenbesuche und verzichtete darauf, C. G. Jung zu lesen, obwohl sie das interessierte, aber der Herr Pfarrer hätte es nicht geschätzt.

Vater war nun nicht mehr Pfarrer. Da er kein Herr Pfarrer mehr war, verlor Frau Pfarrer ihre angeheiratete Würde und Aufgabe. Das war tragisch, denn da gab es nun nichts mehr als die Schreibmaschine und den Stenoblock und ein großes graues Büro. Seinen alten Talar, der nutzlos auf dem Estrich hing, zerschnitt sie und schneiderte aus dem feierlichen Priestergewand ein Kleid. Mit Jacke. Fürs Konzert. Fürs Theater. Jahre später verunglückte ich darin. Auf dem Heimweg von einem Fest. Im Auto. Als Beifahrerin. Ich sehe sie noch immer: die blutverschmierte Jacke mit den eingetrockneten, harten Flecken. Zerschnitten. Meine Wunden. Auf der Notfallstation rast mir wie Blaulicht »ja mir auch alles zu meiner Seligkeit dienen muß« durchs Hirn. Gehirnerschütterung, drei Wochen liegen, sonst alles in Ordnung. Gottseidank, das hätte schiefgehen können. In mir heult wie ein Kettenhund die Reue: wäre ich doch nicht zu diesem Fest gegangen, Mami hatte es ja eigentlich nicht gewollt, daß ich gehe. Es war mein eigener Wunsch. Jetzt habe ich es: Schnitte im Gesicht, zerschlagene Zähne. Vater im Himmel!

Vater also war nicht mehr Pfarrer. Aber Pfarrer gab es ja genug. Den Gemeindepfarrer, den Konfirmationspfarrer. Ich hing an seinen Lippen von der Kinderlehre an. Er wußte zu reden und war klüger als mancher. Ich führte schöne Hefte im Konfirmandenunterricht. Klebte Zeitschriftenbilder von den Mosaiken in Ravenna auf den Umschlag. Beim »Konfirmandengespräch« sprachen der Pfarrer und ich über Michelangelos »Jüngstes Gericht« und Christus als den Weltenrichter. Als er am Palmsonntag vor der Kirche die Zweierkolonne der Konfirmandinnen und Konfirmanden mit einer weitausholenden Bewegung seines Armes im schwingend aufgebauschten Ärmel seines Talars zum Gehen aufforderte, fühlte ich mich mit dieser Geste höchstpersönlich ins Haus des Vaters eingeladen. »Wie lieblich sind Deine Wohnungen, Herr Zebaoth«, hatte Vater mit weißer Tusche ins Hochzeitsalbum geschrieben, unter das bräunliche Bild der blumengeschmückten St. Jakobskirche, in die nun auch ich einzog.

Und da war noch der ferne Brieffreund, der alte, pensionierte Pfarrer, der als Seelsorger wirkte in einem Hotel, das der Kirche gehörte, und dort die Bibliothek betreute. Righi Vaudois, Glion. Ein paar Sommer lang erholte sich meine Mutter in dieser klerikalen Feudalpension von ihrer unfreiwilligen Verstoßung aus dem Pfarrfrauendasein. Ich, uneingestandenermaßen, langweilte mich und fügte mich, lächelnd und unglücklich, ins Unvermeidbare. Wenigstens gab es viele Bücher und feierliche Andachten und endlich auch Gespräche darüber. Mein Pfarrer-Freund hatte Zeit und hörte mir zu und redete mit mir. Als er mich in seinem Studierzimmer segnete – »Fürchte dich nicht, denn ich habe dich erlöst, ich habe dich bei deinem Namen gerufen: du bist mein« (Jesaja 43,1) – und nachher ein weinendes Kind an seine Vaterbrust zog, war mein Glück vollkommen.

Kino. »The Prince and the Showgirl«. Marylin Monroe rennt durch die weite Marmorhalle. Das Showgirl läuft dem Prinzen davon; sie will nichts mehr zu tun haben mit diesem seltsamen Mann. Der Kammerdiener des Prinzen spricht sie an, ruft ihr von einem Treppenabsatz herunter zu: »Miß Marina!« Ich habe es noch immer im Ohr. Er ruft das Showgirl bei ihrem Namen. Er, der Hohe, sie, die Niedrige. Bei ihrem Namen. Und sie bleibt stehen, hält inne, hört auf, davonzulaufen. Miß Marina! Ich habe dich bei deinem Namen gerufen. Fürchte dich nicht.

Das Studierzimmer. Die Bücher. Der Geist. Der Segen. Vielleicht sollte ich doch einen Pfarrer heiraten. Trotz der Warnungen der Mutter, wie schlimm das sei für eine Frau, wenn es schiefgehe, wenn er versage. »Dr Pfarrer isch für iins, fürs Martel, halt öpper gsi« – *der Pfarrer war für sie, für Marthe, halt jemand* –, sagt mir, Jahre später, meine Patin/Gotte. Und sie, 's Martel, war öpper, jemand, mit ihm, durch ihn, dank ihm. Und nichts mehr, niemand mehr ohne ihn. Stellung verloren und Ehre. Schmach und Schande. Abstieg und Ächtung. »I getrau mi bald nümm zum Huus-us, so han-i e Scham in mir« – *ich getraue mich kaum mehr auf die Straße, so sehr schäme ich mich* –, sagte sie damals zu meiner Gotte, meine arme Mutter.

Und das Geld fehlte auch. Jahrelang hatte sie umsonst gearbeitet. Um Gotteslohn. Als Frau von. Im Dienst der Gemeinde. Kein Rappen Lohn, kein Franken Altersvorsorge. Vergeblich. Mit vierundvierzig wieder bei Null anfangen. Sechzehn Jahre lang Pfarrfrau gewesen? Zählt nicht. Die Versicherungsgesellschaft, ihr früherer Arbeitgeber, nahm sie wieder in ihren Dienst. Es hatte einen guten Namen hinterlassen, das Fräulein: man war bereit, es wieder mit ihm zu versuchen, ihm bei einem neuen Anfang zu helfen. Ein Chef von damals legte ein gutes Wort ein beim neuen Vorgesetzten. Das Fräulein von damals würde, da tüchtig, schon über die Einstiegsschwierigkeiten hinwegkommen. Gewiß, der Pensionskasse könne meine Mutter als geschiedene Frau schon beitreten; sie müsse sich natürlich einkaufen und, ja, teuer sei das schon in ihrem Alter.

Vielleicht sollte ich trotzdem einen Pfarrer heiraten. Wie sonst konnte ich Zugang bekommen zum Studierzimmer, zu den Büchern, zum Buch der Bücher, zum Herrgott? Wie, wenn nicht über einen Mann, über einen Herrn Pfarrer? Es waren immer Männer gewesen, von denen ich, wieder und wieder, den Satz des Mannes Jesus gehört hatte: »Niemand kommt zum Vater denn durch mich.« Alles, was mit Gottdemvater, Gottdemsohn und Gottdemheiligengeist zu tun hatte, kam nie anders zu mir als aus Männermund. Eines Mannes Stimme führte den Gesang der Gemeinde an. Männerhände brachen das Brot des Lebens und reichten mir den goldenen Kelch. Männer legten mir ihre Hände aufs Haupt. Propheten verkündeten. Könige bauten Tempel. Psalmisten sangen. Evangelisten offenbarten. Apostel reisten.

Jünger folgten nach. Pfarrer predigten. Kirchen-
ratspräsidenten und Kirchenpfleger leiteten. Pro-
fessoren lehrten und schrieben Bücher. Studenten lasen sie und lernten. Studenten wurden
Pfarrer. Oder Priester. Und Bischöfe und Päpste.
Alles Männer. Was konnte ein Mädchen, was
konnte ich mehr erhoffen als, im besten Fall, Frau
Pfarrer zu werden, um so, wenigstens mittelbar,
teilzuhaben – am Wort, am Geist, am Segen?

❖

In ihrer kleinen Taschenausgabe des Neuen
Testaments, ledergebunden, hat Mutter zwei Seiten mit einem dicken fetten Rotstift durchgestri-
chen. »1.Korinther 13. Über die Liebe.« Seiten
342 und 343. Eine Spalte durchkreuzt. Heftig,
wild, verzweifelt. Von unten links nach oben rechts
und von oben links nach unten rechts. Ratsch.
Ratsch. Für den letzten Vers genügte ein kurzer
Strich, ratsch, von links unten nach rechts oben:
»Nun aber bleibt Glaube, Hoffnung, Liebe, diese
drei; aber die Liebe ist die größte unter ihnen.«
She, too, was so sick of words – *auch sie hatte so
genug von Worten.*

❖

Mit zwanzig werde ich ausgeschickt. Der Duft
der weiten Welt und das Prestige. Schon Vater
hatte ein Auslandssemester absolviert; das sollte
ich nun auch bekommen. Es würde mir guttun,
beruflich, und auch sonst. Natürlich war es ein
Opfer für Mutter, finanziell und daß sie mich
»hergab«. Sie erwartete denn auch, daß ich es

gebührend zu schätzen wußte. Wie damals, als ich mit elf meine erste Geige bekam und auf dem Kärtlein (»Gesegnete Weihnachten«) zu lesen stand, »daß Du nach Neujahr Violinstunden nehmen darfst bei unserer bekannten Geigenkünstlerin Else Popp, mein liebes Kind« und »ich hoffe von Herzen, daß Du durch Fleiß und Hingabe dieses Opfer belohnst. Dein Mami«. Dieses Kärtlein mit einem Engelchen, das über die Erde schreitet, lag noch immer im Geigenkasten, unter der schwarzen Schachtel mit dem Kolophonium für den Bogen, dem »perfect violin resin«, als ich in Tübingen in Untermiete ging. Wieder einmal brachte es mir ein Opfer, mein Mami. Zwei Semester Tübingen. Sorglos ging ich, in Hosen und Pullover, von Vorlesung zu Vorlesung, Übung zu Übung, machte Schein um Schein. Hungrig, reich, glücklich. Kam mich Mutter besuchen, so zog sich die Studentin der Soziologie, der Zeitgeschichte und der politischen Wissenschaften um und ging, in Kostüm und Hut, mit ihrer Frau Mama essen in der Stadt. Fein im »Museum«. Sonst genügten mir, in der Altstadt unten, Spaghetti im »Napoli«. Mein Geld brauchte ich für Bücher.

Obwohl mir im Studium der VATER IM HIMMEL, OHNE DESSEN WILLEN KEIN HAAR VON MEINEM HAUPTE FALLEN KANN, immer mehr abhanden kam, ging ich doch oft und gern in die Studentengottesdienste der evangelischen Hochschulgemeinde. Sie begannen erst um elf – ich konnte also ausschlafen am Sonntag (was ich auch an anderen Tagen hätte tun können, wenn ich es mir gestattet hätte, aber da war ich ganz hart). Und wenn ich in die Stiftskirche trat, gotisch und in ihrer kühlen, verhaltenen Schönheit eben wiederhergestellt, so umschwebte, umsummte mich leises Singen und Intonieren von Melodien. Während der Studentenchor sang, saß ich da, hörte zu und wartete, und es wurde ganz still in mir. Ich sah nach vorne auf das Altarbild, betrachtete es lange, und allmählich fiel mir auf, daß bald jener, bald dieser Flügel des Altars offenstand und ein anderes Bild freigab. Warme, leuchtende Farben. Weiße Kerzen wurden davor angezündet, Sonntag um Sonntag. Und das Abendmahl reichten wir uns gegenseitig, im Halbkreis vor dem Altar: von Hand zu Hand ging die goldene Schale mit den Hostien, rund wie Münzen, als Währung das Kruzifix in den hauchdünn weißen Teig geprägt. Studentinnen, Studenten lasen die selber verfaßte Liturgie, der Pfarrer übernahm nur die Predigt. Ich schrieb meinem Gemeindepfarrer. Wie gut mir das gefiel. Wie wohl mir dabei war. Wie wohlgefällig mir die Kerzen, die Bilder, die Farben, die Musik waren. Und wie mir das gut tat bis ins Innerste. Warum wir das alles denn nicht hätten? Wo das denn geblieben sei?

Bald kam die Antwort: daß ich mich doch nicht so von Äußerlichkeiten gefangennehmen lassen sollte, daß ich das alles doch nicht so ernst nehmen sollte, daß das letztlich doch alles unwichtig sei, daß es doch im Wesen nur um Gottes Wort und um dessen Verkündigung gehe, um das »puur luter wort«, um das pure, reine, lautere Wort und nichts als das Wort, die Heilige Schrift.

Mir wurde kalt ums Herz, und ich fühlte mich mißverstanden wie noch nie. Er hatte doch Ohren zu hören – ich hatte mit ihm und seiner Tochter ja schon musiziert. Er hatte doch Augen zu sehen – sein Vater war Kunstmaler gewesen. In jenem abscheulichen Hinterhofzimmer über einer Spengler-/Klempnerwerkstatt, in dem wir uns zum Konfirmandenunterricht trafen, hing ein Bild von ihm, Jesus mit seinen Jüngern, was denn sonst, aber immerhin: es hat mir wegen seiner sonnigen Farben immer gefallen. Nun verschlug es mir die Sprache ob der Heftigkeit dieser Abfuhr, ob der Unbarmherzigkeit, mit der alles Bloß-sinnlich-Äußere abgetan wurde und vor dem Wort, vor dem Geist, dem reinen Geist und dem »puur luter wort« zu weichen hatte. Und etwas in mir sagte zum ersten Mal: nein.

◇

In der Schweiz gibt es Kirchen, reformierte, die erbaut wurden als Gotteshäuser rund um das »puur luter wort« herum. In Yverdon steht so eine, und St. Peter in Zürich ist auch so gebaut. In der Mitte die Kanzel. In der Mitte der Pfarrer. Verkünder, Prediger, Ausleger. Das Haupt. Das Oberhaupt. Der Kopf. Das Denken. Der Intellekt. »Puur luter wort«, nichts anderes, nichts Unlauteres, das ablenken könnte – auf bloß Äußeres, auf Eitelkeiten, Nichtigkeiten, Sinnliches, Leibliches. Dann Bänke, eine Empore, eine Orgel – die einzige Konzession an die Sinne, an die Künste. Die Friedenskirche in Solothurn, ein scheuer Jugendstilversuch im Sakralbau, folgt dem

gleichen Muster: vorne in der Mitte hoch aufgerichtet die Kanzel, schwerer schwarzer Marmor,
und hoch von oben kommt das Wort herunter
auf die Gemeinde. – Niemand bestieg ihn, diesen
geistlichen Hochsitz, bei jener Konfirmation, zu
der die Jugendlichen ein Poster mit einem Son-
nenuntergang auf die protzig dunkle Steilwand
geklebt hatten. Der Pfarrer predigte unten am
Abendmahlstisch, von wo die jungen Frauen und
Männer ausgingen, um ihren Eltern, Verwandten
und Freunden das Abendmahl auszuteilen. Über
diesem geschwisterlichen Geschehen war in Rie-
senlettern zu lesen: »Ihr alle aber seid Brüder«
(Matthäus 23,8). Wie ein Hohn.

Gehalten im Dienst der Linie

Ich lese im Zug. Auf der Rückfahrt nach Basel.
Ich bin beruflich unterwegs. Politik. Ich lese »Christus oder Prometheus«, ein Buch des Basler Theo-
logen Jan Milič Lochmann, der 1968 aus Prag
gekommen war[9]. Ich nehme sie ganz in mich auf,
diese welthistorische Konzeption: der Gott Israels, der Gott Jesu und damit auch der Gott von
uns Christen, hat die Geschichte erschaffen. Er
hat die Menschheit auf die Bahn einer nach vorne
greifenden, in die Zukunft sich öffnenden, auf ein
Ziel sich richtenden Entwicklung gebracht. Vorwärts, empor, nach oben: Fortschritt. Vor mir
sehe ich eine Linie, die von links unten nach
rechts oben führt: Geschichte von ihrem unteren,
tiefen Anfang hinauf, linear durchgezogen bis hin
zu ihrem höchsten Punkt, zu ihrem Ziel und

Ende, zu ihrer Vollendung. Geschichte als ein fortwährendes mehr, besser, schöner, reiner, höher, idealer – bis hin zur Wiederherstellung paradiesischer Vor-Geschichtlichkeit in einer diesseitigen besseren Welt (Utopia, Sonnenstaat, klassenlose Gesellschaft) und/oder einem endzeitlichen Gottesreich. Geschichte als ein Fort-Schritt, als ein Fortschreiten auf ein von vornherein gewußtes, feststehendes und für gut befundenes Ziel und Ende hin. Linear empor.

Wie gut ist es doch, daß wir aus dem öden Immer-Wieder der Natur, dem Ewig-Gleichen der Jahreszeiten, den sich wiederholenden Zyklen von Mond und Frauenblut und Blüte und Frucht und Ernte und Keimen und allem unendlich/endlos Immer-wieder-von-vorne: daß wir aus all dem befreit und auf eine offene Zukunft gerichtet sind. Fluch der Göttin der bloßen Wiederkehr! Heil dem Gott der Geschichte! Heraus aus der erniedrigenden Immanenz, weg von den Rockzipfeln von Mutter Natur, die uns mit ihrem unabänderlichen Ablauf versklavt und uns immer Kind und Sohn, nie Herr und Meister sein läßt. Drum stolz das Haupt erhoben auf der freien Bahn der Transzendenz, ein Hoch auf Geist und Willen, die der trägen Materie trotzen und Geschichte schaffen, Entwicklung und Fortschritt bewirken, im Pakt mit Gott-Vater, dem Schöpfer, unterwegs zum Edleren, Höheren, Besseren, Eigentlichen. Dem Kreis, der sich bloß um seinen Nabel, dem Rad, das sich um nichts als seine eigene Nabe dreht, folgt als geschichtlich-geistige Figur die Linie, die lineare Entwicklung mit pfeilgerader

Gerichtetheit: nach vorn und unverwandt empor. Ja, und ich, ich weiß mich mit auf diesem Weg. Gehe auf in der Linie und baue sie, vollstrecke sie gleichzeitig mit. Ich und die paar wenigen anderen. Wir, die Avantgarde, die die Linie und ihr Ziel, ihre Richtung kennen. Die Eingeweihten, die andere einweihen – in der Verkündigung, im Kommentar, im Leitartikel. Ich gehöre zu den Verständigen, den Aufgeklärten und Aufklärenden. Wissend und im Dienst des Guten hecken wir in einem gesellschaftspolitischen Zirkel Pläne und Strategien und Informationsanlässe aus, wie wir die andern, die Unwissenden, Unerleuchteten, zu ihrem Frommen und der Welt Nutzen zur Erkenntnis der Linie und ihrer Gebote des Sollens und Müssens führen können.

Ich mache mich nützlich und diene und darf daraus ableiten: ich habe eine Berechtigung zu sein. Ich verachte den Kreis und die unaufhörlichen Rhythmen der Wiederkehr, ich fühle mich hoch erhaben über das ewige Einerlei, die Kreisgestalt des Gewöhnlichen, bloß Natürlichen, Leiblichen, Häuslichen, Fraulichen. Ich schwöre den primitiven Fruchtbarkeitskulten mit neu gewonnener Überzeugung ab und verabscheue das Nichts-als-Enthaltensein im Kreislauf einer unbeseelten, unbegeisteten Natur. Heilsgeschichtlich notwendig war der Sturz der Göttin und unvermeidlich im Interesse des Fortschritts! Mit vollem Recht billigen wir ihren Abbildern in archäologischen Schaukästen nicht mehr zu als die Beschriftung »figurines for fertility rites« – *Figürchen für Fruchtbarkeitsriten*. Als links-liberale Intellektuelle verschreibe ich mich dem Herrgott der linearen Entwicklung und dem Dienst ihres Fortgangs zu ihrem vorbestimmten Ziel. Natur ist »nur« Natur, unwichtig, beherrschbar, Mittel; was zählt, sind Gesellschaft, Politik, Denken, Machen.

Und so höre ich auf, Frau zu sein – Frau als Teil jener niedrigen, verachteten Naturwelt. Will nicht mehr so beschämend abhängig sein von jener dunkel-zyklischen Fruchtbarkeit, nicht mehr so peinlich der Erde und ihrem periodischen Werden und Vergehen verhaftet. Schwinge mich empor und nach vorne, lösche das Programm meines eigenen inneren Kreislaufs, setze mit »der Pille« den Mondrhythmus von Eisprung und Blutung außer Kraft. Welche Erleichterung! Welche Erhebung! Bin nun nicht mehr »nur eine Frau«, bin »quasi vir«: fast wie ein Mann, fast so gut, fast so ernst zu nehmen wie ein Mann, dem Kreis entronnen und in den Dienst der Linie genommen. Verachtung und Lobpreis sind klar verteilt: das Niedrige, Schlechte, zu Verlassende ist ein für allemal abgestempelt und gebrandmarkt; das Gute, Hohe, das Gesollte, dem zu dienen ist, gebieterisch und verbindlich eingesetzt.

Emanzipation der Frau, des Menschen, heißt nun auch: weg von der rohen und düsteren Natur und ihren Riten aus grauer und barbarischer, irgendwie noch vor-menschlicher Vorzeit und hin zum männlich personalen Gott der Geschichte, des Geistes, der Menschen- und Weltverbesserung, der entwickelt und erhebt. Auch mich. Sogar mich. Obwohl doch »nur Frau«. Ihr werdet

sein, ihr Frauen, wie der Mann. Quasi vir. Befrei-
ung. Im Hochgefühl meiner Erhebung/Erwäh-
lung denke ich zurück an meine Taufe und freue
mich darüber. Stolz. Ich bin getauft. Ich stehe in
einer heilsgeschichtlichen Linie (Judentum, Christentum, Renaissance, Humanismus, Liberalis-
mus, Sozialismus und so weiter) und weiß mich
gehalten in ihrem Dienst. Die allmächtige Linie
hat mich geschluckt: ich bin, weil ich in ihr Funktion bin. Ich bin, weil und wenn und solange ich
ihr diene. Ich spüre den Halt des Ent-halt-enseins
und mache mich auf: der Weg wird mir ja – von
sicheren Leitplanken eingerahmt – vor-ge-halt-en.

◇

Ein Kurs über »Public Relations« im Hotel
Pfauen in Einsiedeln. Unterrichtseinheiten unmit-
telbar der Stiftskirche gegenüber. Delegiert von
meiner Firma, nehme ich an diesem Kurs teil. Die
einzige Frau. Quasi vir. Bruder, Kumpel unter
Brüdern. Vor dem Frühstück gehe ich in die Klo-
sterkirche, setze mich hinten in eine Bank, lasse
die Messe an mir vorüberziehen, gehe mit den
Augen übers Deckengewölbe spazieren und falle
auf die barocken Tricks herein: wie ein Bein, im
Fresko gemalt, plötzlich übergeht in ein dreidi-
mensionales Stuckbein, das in den Raum hinein-
ragt, hineinschwebt, grenzüberschreitend, auflö-
send, verbindend. Am letzten Kurstag finde ich
mich ein zum »Salve Regina«. Gemessen in Zweierkolonne schreitend, die Arme vor der Brust
verschränkt, in weiten, festlich schwarzseidenen
Chormänteln kommen die Mönche durch ein

Seitenschiff nach vorn, ziehen ein in die kleine Marienkapelle, knien nieder und stimmen ihren uralt feierlichen Gesang an. Salve Regina. Mater. Virgo. Ich höre zu, draußen, hinten. Mater et Virgo. Und ich? Weder Mater noch Virgo. Sed Mulier. Sondern Frau. Ich Frau. Ich bin eine Frau. Wirklich eine Frau. Eine wirkliche Frau. Aus Fleisch und Blut.

Und plötzlich zittere ich vor Wut auf diese Männer, die es sich so bequem machen und ihre Wunderfrau aus Holz und Wachs, hinter Brokat und Edelsteinen, besingen und anbeten. Ihre irreale Traumfrau, die ein Kunststück zustande bringt – jungfräulich Mutter zu sein –, das ihr eine andere, eine gewöhnliche, eine reale Frau nie nachmachen wird. So eine beten sie an, verehren sie – und was haben sie für mich, für uns Frauen übrig? Mir, uns entziehen sie sich. Vom Kontakt, vom Umgang mit uns – mit uns unreinen, befleckt empfangenen und befleckt empfangenden, mit uns Menstruierenden, mit uns, die Männer in unseren Schoß lassen, Männer aus unserem Schoß entlassen, als kleine hilflose Kinder, die Männer werden und die Jungfernhaut anderer Frauen zerreißen, in den Schoß anderer Frauen eindringen werden – mit uns wollen sie nichts zu tun haben, von uns halten sie sich fern, vor uns drücken sie sich, weil wir gefährlicher sind, fleischlicher, leiblicher, blutiger, lebendiger, unkontrollierbarer und lauter als ihre blutleere, tote, hehre, reine und stumme Puppen-Madonna.

Der Zölibat dieser Männer, ihr Nein zur Sexualität und damit zu mir, zu uns Frauen, schlägt mir ins Gesicht, definiert mich als unrein, als Gefahr, befleckt mein Geschlecht, erniedrigt meine Geschlechtlichkeit, wertet meinen Körper ab, so wie es ihren eigenen Leib, ihre eigene Sinnlichkeit herabmindert zur quantité négligeable, zur quantité à négliger, zu etwas, das man/n ruhig vernachlässigen darf, ja soll. Und es beleidigt mich, es beschämt mich, dieses grundsätzliche Nein, es sperrt mich ein, kreuzigt mich auf den alten Gegensatz Eva-Maria. Als Nicht-Maria, als eine, die nie eine a-sexuelle, sex-lose Mutter sein kann (und auch nicht sein will), bleibt mir nur die Kategorie Eva übrig: prima peccatrix, die erste Sünderin, die Frau, die in Versuchung geraten ist, die Frau, die den Mann verführt hat, die Frau, die Schuld und Tod in die Welt gebracht hat, die unreine, die sexuelle, die labile, die man/n nicht ernst zu nehmen braucht, die als Person, als Geist, als Mit-Mensch eigentlich nichts zu bestellen hat, vor der man/n sich fürchtet, vor der man/n sich hüten muß, die man/n sich vom Leib halten, die man/n bevormunden, beherrschen muß. Ich bin fest-geschrieben, ab-geschrieben. Obwohl »quasi vir«, stempelt mich mein weiblicher Leib dennoch ein für allemal ab als »nur eine Frau«. Salve Regina. Virgo et Mater. Gekreuzigte Frau. Geschändetes Geschlecht.

Die Heilige der Blumen und Früchte

Die Kartause von Basel ist ein ihrer früheren Bestimmung entfremdeter Gebäudekomplex. Das ursprüngliche Kloster wurde zum bürgerlichen Waisenhaus der Stadt und beherbergt eine Schule für soziale Berufe: so hat die alte Caritas in verweltlichter Form ihren Platz bewahrt. In der meistens geschlossenen Kirche halten am Sonntag die Lutheraner ihre Gottesdienste ab. Warum und wie ich vor Jahren in diese Kirche hineingeriet, weiß ich nicht mehr. Aus Neugierde wahrscheinlich, weil ich damals in ihre Nähe zog. Als ich auszog aus dem Heim meiner Mutter und meine eigene Welt zu bauen begann. Damals fand ich in meiner Nachbarschaft die Kartause. Klostergebäude, Mauern drum, eine gotische Kirche: nichts Besonderes. In einem der hohen Fenster ein kleines Glasbild: leuchtend blau, rot und violett eine Frauengestalt. Von einer Lieblichkeit, die mir von hoch oben zuwinkt. Ihren Kopf beugt sie über ein Körbchen, das sie in der rechten Hand hält. Mit den Fingern der linken weist sie auf seinen Inhalt: Rosen, weiße und rote. Und Rosen, rot und weiß, auch in einem Kränzchen um ihr Haar. Liebliche! Was begegnest du mir? Was kommst du mir sagen? Was willst du von mir? Dorothea! Patronin der Blumen und Früchte!

Unvermutet begegne ich ihr wieder. In der kunstgeschichtlich wenig interessanten Kartause hängt nur eine Kopie: das Original der alten Glas-Scheiben-Dorothea kommt mir, ungesucht, im Historischen Museum in der Barfüßerkirche von

Basel entgegen. Grüß dich! Bist also in Wirklichkeit noch schöner, Liebliche! Als Kunstkarte nehme ich ihr Bild mit mir nach Hause. So zieht die heilige Dorothea ein ins Heim einer bilderstürmenden Protestantin, die auf politische Theologie setzt. Das zu einer Zeit, wo ich mir eben die ersten Gedanken mache über die »Rechtsstellung der Frau« (so der Titel eines Vortrags, den eine Anwältin vor dem »Gesellschaftspolitischen Forum« von »Christ und Welt« hält, ein halbes Jahr nach der Einführung des Frauenstimmrechts in der Schweiz Anfang 1971). Das zu einer Zeit, wo die Frage »Ist Gott ein Mann?« (die mir Jahre später als Präsidentin des gleichen »Gesellschaftspolitischen Forums« ein paar heftige Sitzungen bescheren sollte) noch jenseits des Denk-baren und Frag-würdigen lag. Dorothea durfte mitkommen, weil sie ja nur ein Kunstwerk war und ich mich natürlich keineswegs mit einer Heiligen einließ.

Und doch: in Dorothea hat zum ersten Mal ein Heiliges aus der eigenen Tiefe – oder: über die eigene Tiefe – nach mir gegriffen. Ohne daß ich es hätte greifen und sagen können: Dorothea war mir zum Schutzgeist meines Aufbruchs geworden, zur guten Fee meines Wachstums, zur Mahnerin und Ermutigerin, die mir – den Zeigefinger weis-sagend auf die Rosen gerichtet – gut zuredete: Ja, blüh – sorge nicht, halt dich nicht zurück, sichere dich nicht ab, blüh – ich begleite dich, stärke dich, lasse dir Kraft zukommen, blüh – hab Mut und vertrau, vertrau den Kräften aus der Tiefe, sie sind da und sie fließen dir zu. Du mußt dich ihnen nur öffnen, das allerdings, das mußt du selber tun, selber wagen – komm, komm, komm –.

Ich spüre, ahne – ganz tief drin, ganz fern unten. Und es gehört zur Halb-Herzigkeit, zur Unvollständigkeit meines damaligen Aufbruchs, daß ich Dorotheas Offenbarungscharakter nicht anerkennen will und kann. Noch hängt sie eingestandenermaßen erst als Kunst über dem Kopfende meines Bettes. Mehr darf sie noch nicht sein. Aber seither begleitet sie mich. Beharrlich.

❖

Kunst – Glaube, Wahres – Unwahres, Religion – Irrlehre: wo sind die Grenzen? Was ist wahr? In der Schule habe ich mich oft gewundert über die Unbefangenheit, mit der ein Fräulein Doktor – sie bestand immer auf der Anrede »Fräulein« – uns elf- und zwölfjährigen Schülerinnen im noch nicht koeduzierenden Basler Mädchengymnasium nebeneinander a) biblische Geschichten und b) griechische Sagen beibrachte. Ohne mit der Wimper zu zucken, schwenkte die tief und naiv gläubige, unabhängig von ihrem Alter ältlich wirkende Mittelschullehrerin im Zeitraum einer zehnminütigen Butterbrotpause von den Zehn Geboten zu den skandalösen Ehebruchsgeschichten von Göttervater Zeus. So leicht konnte ich das nicht auseinanderhalten. Ich hatte noch brühwarm das Gebot »Du sollst nicht ehebrechen« im Ohr und reagierte mit Empörung auf die Amouren von Jupiter, der seinen Mitgöttern und Mitmenschen ein so schlechtes Beispiel gab. Doch für meine Lehrerin waren die Geschichten aus der jüdisch-christlichen und der griechischen Religion offenbar säuberlich geschieden: unter a) vermittelte sie uns geoffenbarte Glaubenswahrheiten, unter b) erzählte sie uns den Mythenstoff einer heidnischen, folglich unwahren Religion, den man sich im Lauf einer klassischen Bildung halt einfach aneignen mußte. Nur: mit Glauben, mit Religion im eigentlichen Sinn hatte das – das Griechische – natürlich nicht das Geringste zu tun! Ich aber begann zu argwöhnen, daß das, was sie als eisernen Vorhang ausgab, in Wirklichkeit eher einer durchlässigen Zellhaut entsprach. Warum denn sollte mir Moses mehr zu sagen haben als Dionysos? Warum eigentlich sollte mir Jesus näher stehen als Demeter? Allein und verängstigt ließ ich es bei solchen Fragen bewenden.

❖

Er möchte auch »Pracht« haben an unserer Hochzeit, meinte mein holländischer, katholischer Mann, als ich sagte, ich würde gern auf dem Leuenberg heiraten. Der Leuenberg ist eine schön gebaute evangelische Heimstätte bei Basel: quadratische Backsteinwürfel, unverputzte Wände, sandfarbene Teppichböden und pyramidenförmig hochsteigende Holzdecken. Schön, wenn auch, zugegeben, protestantisch nüchtern. Als mir dann während der Brautmesse in der holländischen Backsteinkirche der Weihrauch in die Nase stieg, als ich während des Kniens und Betens umwogt war von einem strahlenden »Gloria« aus unzähligen Orgelpfeifen und Männerkehlen, als ich inmitten von Blumen die Kerzen auf dem Altar schimmern sah, da genoß ich sie einfach, die »plechtigheid« – *die Pracht*, die sinnenhafte Feierlichkeit mit all ihrem Glanz und ihrer üppigen Überflüssigkeit. Genoß sie. Von Herzen. Und mit allen Sinnen. Mutter hätte wohl Mühe gehabt mit dieser Feier. So katholisch. So wenig nüchtern. Und du, Pfarrer-Freund im schwarzen Predigerrock, streng und fast ärmlich neben dem Priester im golddurchwirkten, mit orangen Streifen verzierten Gewand: du hast mit deiner Predigt zwar klug und schön für das »puur luter wort« gesorgt, aber hör: es ist nicht genug ES IST MIR NICHT GENUG! Und ich verstehe ihn, meinen Mann, der damals als kleiner Junge zur Zeit der Mai-Andachten am Abend in die dunkle Kirche schlüpfte, den es hinzog zum weiß aufstrahlenden Marienaltar, zu all den brennenden Kerzen, all den duftend hellen Blüten, und der dabei Süßes empfand, Wonne ahnte und sehnte.

Ich erinnere mich an die Standpauke meines Konfirmationspfarrers: »bloße Äußerlichkeiten«! Wirklich? Nein. Daß es die Kerzen allein auch nicht tun würden, daß »plechtigheid«, Duft und Licht allein auch nicht genügen würden, das wußte ich wohl. Aber ich hatte es satt, an den hart und trocken gewordenen Krümeln des »puur luter wort« herumzuwürgen. Nur und ausschließlich »im Geist und in der Wahrheit« anbeten und die Sinne und den Leib, die Blumen und Früchte, die Erde und die Sterne bloß den niedrigen, den nicht-geistlichen Bereichen des Lebens, dem Nur-

Profanen und ja nicht dem Sakralen zurechnen: das ging nicht mehr. Das geht für mich nicht mehr. Das mache ich nicht mehr mit. So ein »Geist« verflüchtigt sich mir, löst sich auf, wird zu nichts. Nur-Geist: Un-Geist. Und keine Wahrheit mehr[10].

❖

Ich spürte: ich hatte mich verstiegen. Zu weit hinauf, zu hoch. Dünne Luft. Geistreich und blutleer. Steilwände. Absturzgefahr. Der Versuch, »quasi vir« – fast wie ein Mann – Mensch zu werden, als Mensch anerkannt zu werden und an der Welt teilzuhaben, brachte mich um die Sinne, meinen Leib, mein Frau-Sein. Mein Eigenes.

Fast. Im Traum gehe ich auf einer niedrigen weißen Holzbrücke über einen leuchtend blauen Fluß, ganz nah über den Wellen. Aus dem Wasser hebt sich ein weißes Pferd, das bis zum Bauch in der Flut steht. Ich erschrecke. Es wendet mir den Kopf zu und zeigt lächelnd seine Zähne. Fürchte dich nicht.

»Eine keltische Göttin der Schöpferkraft, Epona, die auf einem Pferd reitend dargestellt wird, wurde oft als weiße Stute abgebildet.«[11]

Fürchte dich nicht.
Geh über die Brücke.
Überschreite
überwinde
die Angst und
du wirst
leben

FALL

bis du am Frost
errötet bist
gärig vor Süße
trächtig mit deinem
eigenen Fall

MARGOT SCHARPENBERG[5]

Man hat traditionsgemäß die Angewohnheit
oder das Bedürfnis zu vergessen,
was man der Mutter, den Müttern,
dem Mütterlichen schuldet.

HÉLÈNE CIXOUS[6]

Sister, you understood before I even spoke
The story that lay deep inside of me.
Your hearing helped me tell it,
to turn it into speech,
Your listening has helped to set me free.

CAROLE A. ETZLER[12]

Schwester, du hast
– bevor ich überhaupt gesprochen habe –
die Geschichte verstanden,
die tief in mir verborgen lag.
Dein Zuhören half mir, sie zu erzählen,
sie Sprache werden zu lassen.
Dein Zuhören hat mir geholfen, mich zu befreien.

Ich finde meine geistliche Mutter ...

Das grün eingebundene Programmheft des europäischen UNO-Seminars über den »Wandel der Rollen von Frauen und Männern« vom April 1977 in Groningen kündigte ein kulturelles Begleitprogramm an. Unter anderem würde eine Theologin von der katholischen Universität Nijmegen, Catharina J. M. Halkes, darüber reden, wie wir »über die feministische Theologie zu einem neuen Menschenbild«[13] gelangen könnten. Menschenbilder – das war es, was mich schon immer fasziniert hatte: was sind das, Menschen, wie denken Menschen von sich selber, wie sehen sie sich und warum sehen sie sich zu einer bestimmten Zeit so und nicht anders, und warum ändern Menschen ihre Vorstellungen von sich selber und vom Sinn des Lebens und der Welt? Aus diesem Grund-Interesse, letztlich, hatte ich Geschichte studiert, politische Wissenschaften, Soziologie. Menschenbildern, unterschiedlichen, widersprüchlichen, verwandten, war ich in meiner Dissertation nachgegangen; ich wollte wissen, was Menschen/Männer in der Schweiz um die Mitte des 19.Jahrhunderts unter »Mündigkeit« verstanden haben[14]. Und nun: Menschenbilder – und Feminismus und Theologie! Und: eine Frau ist es, natürlich, die sich an dieser Synthese zu schaffen macht.

Was war das wohl für eine Frau? Ich bin erstaunt, als sie mir entgegenkommt. Ich hatte eine eher »ausgeflippte« junge Frau erwartet – und auf mich zu schreitet eine Frau, die meiner holländischen Schwiegermutter gleicht: ein braunbeiges Hemdkleid aus Trikot, die kurze Dauerwellenfrisur mit jenem verräterischen Aschblond gefärbt, das Grau und Weiß verdecken soll, in den durchbohrten Ohrläppchen länglich goldene Hänger – wie mein »Tanti«, wie jene Frau, die mich als Pfarrerskind viele Stunden, viele Abende lang gehütet hat, wenn meine Eltern beschäftigt waren – so bürgerlich, so bieder kommt mir die »feministische Theologie« entgegen. Und ich schäme mich ein bißchen: was für einem Klischee bin ich doch aufgesessen! Im Gespräch, bei holländischen Schnäpsen und würzigen Zigarillos, kommen wir uns näher, finden wir uns – sie und ich. Wir werden Gefährtinnen auf einem gemeinsamen Weg: ich erkenne sie, zunächst, als meine »mère spirituelle«, meine geistliche Mutter, die mich hinführt zu neuen Welten des Denkens, Ahnens, Verstehens – und ich folge ihr fasziniert und begeistert. Sie nimmt mich an als die jüngere Schwester, die mit ihr, nach ihr, aufbricht zu ihrer eigenen Reise in unkartographiertes Land.

... und Schwestern

Schwestern geworden, begannen wir ein Netz zu spinnen. Von Holland aus wob Tine einen Faden zu einer Baslerin: Ruth Epting, Pfarrerin, damals in der Basler Mission tätig, Delegierte der Basler Kirche für Frauenfragen – jenes Fräulein Pfarrer übrigens, zu dem Mutter nicht in den Gottesdienst hatte gehen wollen. Wir saßen uns beim Tee in ihrem Wohnzimmer gegenüber, umgeben von Büchern – Theologie und Psychologie Jungscher Richtung. Immer wieder blitzte es auf in ihren dunklen Kirschenaugen: Feuer, Begeisterung, Wut, Enttäuschungen, Leid. Ich mag nicht mehr, sagte sie, ich habe genug gekämpft; aber ich helfe euch, Nägel mit Köpfen zu machen. Sie wob das Netz weiter. Zu einer Theologiestudentin, die in Basel an einer Dissertation saß über Frau und Mann in der Theologie Karl Barths. Pat wartete auf mich vor dem Restaurant, in dem wir uns zum Mittagessen verabredet hatten, eine helle Gestalt in der Sonne, mit langem schwarzem Haar. Eine Araberin, dachte ich von weitem, ist sie das wohl? Sie war es, die Pfarrerin-Schamanin kanadisch-südirisch-südenglisch-russischer Abstammung. Und bald waren wir uns einig: über Inserate in einem Frauenbulletin, mit Hinweisen in der kirchlichen Presse und über Flüsterpropaganda luden wir ein zu einem »Lesezirkel Feministische Theologie«.

❖

Auf das Einladungsschreiben zum ersten Gruppentreffen dieses Lesezirkels hatte ich eine Illustration aus dem Lebensbericht von Maria Theresia Scherrer geklebt. Sie zeigte die künftige Gründerin des Ordens der Schwestern von Ingenbohl als junges Mädchen, die Hände im Schoß, im Gespräch mit einem Kapuzinerpater, der sich mit lehrender Gebärde mit ihr unterhält[15] – das Bild stammt übrigens vom gleichen Burkhard Mangold, dessen Gemälden ich im Unterrichtszimmer und im Haus meines Konfirmationspfarrers begegnet bin. Ein Bild, gewohnt bis zum Überdruß: der Mann, der die Frau be-lehrt; die Frau, die töchterlich schweigend dem Mann zuhört, sich von ihm unterweisen läßt. Unter diese Zeichnung setzten wir die Frage: »Was ist Sexismus?« Und als Antwort die Definition der amerikanischen Soziologin Jessie Bernard: »Sexismus ist die automatische und unbewußte Annahme der Vorstellung, daß das Weltbild der Männer das einzig mögliche Weltbild ist, daß der Versuch der Männer, die Welt zu verstehen, der einzig mögliche Versuch zum Verstehen ist, daß die männlichen Werte die einzig gültigen Werte sind, daß das Urteil der Männer über Sexualität die einzig richtige Auffassung ist und daß das Frauenbild der Männer mit der Natur der Frau übereinstimmt«[16] ... und daß die von Männern entwickelte Theologie, die von Männern gepredigten Gottesbilder auch für Frauen wahr und richtig sind.

Das nun, so lautete die ungeschriebene Agenda unserer Gruppe, wollten wir durch-leuchten, hinter-fragen, korrigieren aus unserer Sicht und Erfahrung als Frauen. Und das wollten und mußten wir selber, aus eigener Kraft und Initiative in die Hand nehmen: »Die Erfahrung von 2000 Jahren Geschichte lehrt uns, daß wir nicht darauf warten können, daß die Institution Kirche und die Männer, die sie prägen, diese Probleme für uns lösen. Weil wir aber nicht länger warten wollen, haben wir Frauen der Kirche selber begonnen, unsere Anliegen wahrzunehmen, auszudrücken und uns für sie einzusetzen. Deshalb gehen wir unserer eigenen Geschichte in Kirche und Theologie nach und befassen uns mit den neuen Ansätzen der feministischen Theologie. Denn unsere Arbeit soll sich nicht in der Kritik an der Frauenfeindlichkeit unserer Kirchen erschöpfen; wir wollen auch unsere Kreativität wirksam werden lassen im Suchen nach neuen Möglichkeiten und im Gestalten von Alternativen.« Das schrieben wir Anfang 1978 in unserem ersten Papier, in einer Art »Gruppen-Charta«, nieder.

Zunächst hatten wir uns in meiner Wohnung getroffen. Dann kamen wir zweimal in den Räumen des Theologischen Seminars der Universität zusammen. Dort war uns aber nicht wohl: wir fanden die Räume kahl, hohl, unwohnlich. Ein paar hatten dort studiert; für sie herrschte dort der alte Geist, von dem wir loswollten. Wir versuchten es mit dem Jugendkeller in einem Kirchgemeindehaus und nisteten uns schließlich im Turmzimmer einer mittelalterlichen Innerstadtkirche ein: gerade groß genug für zwei Dutzend Frauen und von einem schönen gotischen Netzgewölbe überdacht. Diese Suche nach dem eigenen Raum, nach einem Raum, wo wir uns wohl fühlten, war kein bloß äußerliches Anliegen. Sie verband sich mit einer geistigen Suche nach Räumen, Formen und Ausdrucksweisen, die wir uns in der Kirche wünschten. Wir träumten von neuen Gottesdiensten und forderten, »daß wir auch im Gottesdienst mit unserem ganzen Sein auf das Wort Gottes antworten können. Als Zeichen dieser Ganzheit wollen wir nicht nur mit unserem Intellekt, sondern auch mit unseren Gefühlen, unserem Körper und unseren Sinnen Gottesdienst feiern. Wir möchten weniger Würde, Ernst und Strenge und dafür mehr Freude und Lebendigkeit in unseren Gottesdiensten und Abendmahlsfeiern.« Soweit unser Papier. Als »konkrete Möglichkeiten« dazu sahen wir: »Stille, Bewegung, Tanz, bequeme Sitzgelegenheiten, Möglichkeiten, eine meditative Haltung einzunehmen, Kissen auf dem Boden, Teppiche, Stühle und Bänke, die umgestellt werden können, abstufbare Beleuchtung, Kerzen, Blumen, Farben, Bilder, Musik.«

Frauen eignen sich die Bibel an

Im Februar 1979 bot die Evangelische Akademie Bad Boll die erste »Werkstatt Feministische Theologie« an. Wegen Platzmangels im eigenen Haus mußte diese Tagung nach Wiesensteig ausquartiert werden. Wir schliefen in einem Gasthof und tagten in einem modernen Gemeindehaus, in dessen Gottesdienstraum meine Gruppe arbeitete. Trotzdem begannen wir in den Pausen zwischen der Gruppenarbeit zu tanzen, uns zu lockern, zu bewegen. Während wir arbeiteten, ging plötzlich die Türe auf: eine Frau kam hinein, trat an den Altar, schlug die große Bibel zu, nahm sie unter den Arm und ging wieder hinaus. Wir waren sprachlos: eine Frau hatte sich einfach die Bibel angeeignet und sie mitgenommen. Frauen nehmen ihre Sache selber in die Hand, schauen selber nach, legen selber aus. Nicht mehr wie Maria Theresia Scherrer, die als angehende Nonne demütig bescheiden den Worten des Bruders lauscht, nicht mehr zurückhaltend höflich wie die beiden vornehmen Fräulein, die auf einer Holzschnitzerei in der Sakristei des Domes von Tournai wißbegierig dem Mönch zuhören, der ihnen mit ausgestrecktem Zeigefinger die Bibel oder den Katechismus auslegt. Nein: selber holen sie sich das Buch der Bücher und machen sich ans Lesen und Deuten.

Am Schluß des Abendplenums brachte uns Connie Parvey vom Ökumenischen Weltrat der Kirchen einen Tanz der amerikanischen Shaker bei, einer christlichen Sekte, die von einer Frau geführt worden war – nachher tanzten wir weiter, in ein Fest hinein, geschlossen im Kreis, einzeln und durcheinander. Plötzlich holte eine Frau eine der großen dicken Kerzen vom Altar herunter und stellte sie in ihrem prunkvollen Ständer auf den Boden, eine zweite Frau holte eine zweite Kerze, eine dritte eine dritte und so weiter. Wie Priesterinnen in urferner Zeit tanzten wir um die heiligen Lichter. Und brachten sie, als sich unser Tanz, unser Fest seinem Ende näherte, in einer feierlichen Prozession auf den Altar zurück.

◇

Im Basler »Lesezirkel« hatten wir von der Sehnsucht geschrieben, »daß anstelle des sonntäglichen ›Frontalunterrichts‹ und der üblichen ‹one-man-show‹ (seltener: ›one-woman-show‹) im Gottesdienst der ganze Leib Christi aktiv zum Ausdruck kommt. Mit dem/der Pfarrer/in sollten Frauen, Kinder und Männer aus der Gemeinde

Gottesdienste planen, gestalten und durchführen.« Als »konkrete Möglichkeit« dazu sahen wir: »gemeinsame Wahl von Bibeltexten, Gebeten und Liedern, Predigtvorbereitung oder Gestaltung der Liturgie mit einer Gruppe, phantasievollere und partnerschaftlichere Trauliturgien und Mut zur Taufe unehelicher Kinder im Gottesdienst, Predigt in anderen Formen (Bild, Film, Gespräch, Rollenspiel, Tanz, Pantomime, Musik), aktives Mitbeteiligen der Laien (Frauen, Kinder und Männer) im Gespräch, beim gemeinsamen Malen oder Musizieren, Abschaffung der Kanzel«. Auch während der ersten »Werkstatt Feministische Theologie« in Wiesensteig machten wir einen Gottesdienst zusammen, wir Frauen. Eine las die Geschichte von der Heilung der blutflüssigen Frau vor (Lukas 8,40–48): eine Frau blutet ununterbrochen und ist deshalb fortwährend und ohne Ende unrein, ausgeschloßen von der Gemeinschaft mit einem Mann (der die Blutende als unrein nicht berühren darf) und von der Gemeinschaft der Gläubigen im Tempel (den sie als Unreine/Blutende nicht betreten darf). In ihrer Verzweiflung berührt sie von hinten den Saum Jesu, »und sofort kam ihr Blutfluß zum Stillstand«. Jesus, der gespürt hatte, daß »eine Kraft von mir ausgegangen ist«, sucht die Frau in der Menge und spricht zu ihr: »Meine Tochter, dein Glaube hat dich gerettet; gehe hin in Frieden!«

Im Gespräch, zusammen, in einem schöpferischen Ping-Pong von Assoziationen und Gedanken spinnen wir das Netz der Auslegung, eine weitreichende H/Exe-gese[17]. Erinnerungen kommen hoch an die eigene erste Blutung, die Angst, die Scham, die Hilflosigkeit, das Erschrecken, die Uneingeweihtheit, die Nichtgeweihtheit dieses Ereignisses. Ich erzähle von einer Freundin, von der ich wußte: sie hatte mit ihrer Mutter und mit ihrer Patin die Menarche, ihre erste Regelblutung, gefeiert – sie, die Frauen unter sich, an einer festlich weiß geschmückten Kaffeetafel. Von welchen Ur-Riten stammte sie wohl ab, diese kleine Feier? Und warum wird in unserer Zivilisation die Menarche in der Regel vertuscht, verdrängt, stumm erlitten, mit Scham zugeschwiegen, statt mit einem »rite de passage«, mit einem Ritual des Übergangs in die Geschlechtsreife, gefeiert? Warum gibt es kein öffentliches, kollektives oder familiäres Fest für den Übertritt von der mädchenhaften Un- oder Vor-Reife in den Stand des vollen, reifen Frauseins? Warum tun wir so, als wäre diese Veränderung in uns drin unwichtig und banal? Warum bleiben wir, trotz Eintritt in die Geschlechtsreife – also: Frau-Werdung – ein »Fräulein«, bis uns ein Mann im ersten Geschlechtsverkehr, in der ersten Penetration/Defloration, zur »Frau« macht? Warum werden wir sozial überhaupt erst dann eine »Frau«, wenn uns ein Mann heiratet und uns damit zu »seiner Frau« macht, zur Frau, die seinen Namen trägt?

Und wie stehen wir heute als erwachsene Frauen zu unserer Menstruation? Sind uns die »Tage« noch immer ein »Fluch«, lästig, beschwerlich, hinderlich? Wie wäre es, sie als Anlaß zur Freude, als Grund zum Feiern zu betrachten? Könnten wir die Menstruation nicht preisen als Zeichen

unserer Gesundheit, als Ausdruck der Fruchtbarkeit, der schöpferischen Kraft, der Vitalität, der
Generativität? Warum eigentlich nicht? Das Be-
Denken und Feiern unseres Zyklus könnte uns
wieder stärker mit den zyklischen Rhythmen der
Natur verbinden. Fremde, seltsame Gedanken,
die da auftauchen und laut werden dürfen in
einem Gottesdienst, der neu ist, anders.

»Jeder, der menstruiert .. «

In unserem Frauengottesdienst in Wiesensteig
wurde aber auch deutlich, wie sehr wir am Alten
hängen, wie sehr wir Bestehendem verhaftet sind.
Am stärksten war das an unserem Sprachgebrauch
zu spüren und festzustellen. Da sind rund hundert Frauen zusammen, und ständig ist die Rede
von »einer«, »einem«, »jeder«, »sein« und so
weiter. Wir reden von uns in männlichen Formen.
Erst als ganz spontan und beiläufig eine sagt:
»jeder, der menstruiert«, entsteht ein kurzes
Schweigen, in dem alle wie vor den Kopf geschlagen sind – und dann geht's los, das befreiende
Gelächter der Einsicht. Nein, das geht nun wirklich nicht: wir mögen uns zwar mit Mühe und
Not oder eben in alter Selbstverständlichkeit im
männlichen »jeder« eingeschlossen fühlen, aber
im Vorgang des Menstruierens, da können Männer nicht eingeschlossen sein, da geht wirklich
nur »jede, die menstruiert« – vielleicht sollten wir
auch bei anderen Äußerungen, in anderen Zusam-
menhängen sorgfältiger und behutsamer hin-
hören und uns ausdrücken.

Ein anderes Beispiel: unser »Menstruations«-Gottesdienst beginnt mit einem Ausschnitt aus einer südamerikanischen Messe. An die hundert Frauen sitzen da und lauschen, wie eine Männerstimme singend betet: »Señor, tien piedad de nosotros« – *Herr, erbarme dich unser* (in männlicher Mehrzahl). Plötzlich finde ich das ganz und gar unerträglich und auch unsagbar lächerlich: lauter Frauen hier und »Señor« und »nosotros«! Stell dir einmal das Umgekehrte vor: an die hundert Männer, die tief versunken einer Frauenstimme zuhören, die die »Señora« anfleht und um piedad/ Erbarmen für uns/nosotras (in weiblicher Mehrzahl) bittet! Unmöglich! Nur: was tun dagegen? Wie kommen wir, wir Frauen und auch die Männer, von diesem Sprachgebrauch weg? »Eine nicht-sexistische kirchliche Sprache« fordern, »die nicht nur von Vätern, Söhnen und Brüdern, sondern auch von Müttern, Töchtern und Schwestern« redet, wie wir das in unserer »Charta« vorschlugen, das ist eines. Aber nicht genug. Denn was machen wir mit dem »Señor«, mit dem »Herrgott«?

Es kann nichts mehr sein wie vorher

»Gottesbilder« – so hieß das Thema einer Zusammenkunft unseres Basler »Lesezirkels«. Ein paar Frauen hatten den Abend vorbereitet und konfrontierten uns mit einer Unzahl schwarzweißer Photos, aus denen wir unsere Gottesbilder aussuchen sollten, und zwar sowohl die, denen wir uns entfremdet hatten, wie die, die wir uns wünschten, zu denen wir uns hingezogen fühlten, bei denen wir uns wohl fühlten, aufatmeten. Im Laufe des Abends wurde mir klar, warum Heide, die den Abend mit vorbereitet hatte, von Angst sprach: die Auseinandersetzung mit dem Gottesbild hatte ihr ganzes Weltbild, ihre Vorstellung von Mensch, Gottheit und Welt aus dem Häuschen und durcheinander gebracht. Es konnte nun nicht mehr weitergehen wie vorher. Und das war beängstigend. Die amerikanische Theologin/Philosophin Mary Daly kennt diese Erfahrung sehr gut: »For a person who has learned to see sexism, nothing can ever be the same again.« *Wer den Sexismus einmal wirklich durchschaut hat, für die/den kann nichts mehr sein wie vorher*[18].

Angst entstand auch darum, weil fast alle Gottesbilder, die als tragend, inspirierend, belebend erlebt wurden, Naturbilder waren: Sand, Meer, Wellen und Muscheln, Bäume und Himmel. Die meisten Bilder, die wir gewählt hatten, waren nicht-menschenförmige, nicht-anthropomorphe Metaphern der Beziehung zur Schöpfung, des »Anschlusses an den alles ermöglichenden Urgrund alles schöpferischen Seins« (Hanna Wolff[19]). Die männlichen Gottesbilder, wie wir sie aus Liturgie, Theologie und christlicher Kunst kennen, die kamen hingegen kaum vor. Das war bestürzend. Und aufschlußreich. In der Wahl unserer Bilder hatten wir tiefste Sehnsüchte, heimlichste Gottes-Phantasien offenbart und offengelegt – und keine der Theologinnen oder Religionslehrerinnen fühlte sich be- oder aufgerufen, ihre Schwestern zu tadeln, zu belehren oder das aufgetauchte

Material möglichst schnell wieder mit dem üblichen Sprachschatz und dem gewohnten Gedanken- und Bildgut christlicher Überlieferung zuzuschütten. Wir hatten als Subjekte Theologie betrieben und dabei eine schwesterliche und herrschaftsfreie Atmosphäre erlebt. Wohl hatten wir einander dabei begleitet, aber keine hatte sich zur Hüterin oder gar zum Vormund ihrer Schwestern aufgeschwungen.

Die Tragweite dieses schwesterlich-frauschaftlichen Umgangs miteinander wurde mir erst auf dem schweigsamen, nächtlichen Fußmarsch nach Hause bewußt. Wie schön war das! Da blies ein großer, weiter Atem – ich bin frei, zu denken, zu assoziieren, zu phantasieren, zu imaginieren, und die anderen sind bei mir und ich bin bei ihnen, aber keine hat mich eingeengt, keine hat mich beherrschen wollen. Unter ihnen kann ich – und kann jede – meinen/ihren eigenen Weg gehen. Mary Daly sagte das so: »Wo zwei oder drei sich selbst behauptende Frauen in unserem eigenen Namen zusammenkommen, da zünden wir unser eigenes Feuer an.«[20]

❖

ANNA, URSULA, PAT, HEIDE, ELISABETH, HELEN, MARÈSE, CHRISTEL, CLARA, NICOLETTA, LAURA, RUTH, TRUDI, SUSANNE, VRENI, ALICE, DORI – eine nach der andern legt das Blatt, auf das sie ihren Namen gezeichnet, gemalt hat, auf den Boden in die Mitte unseres Kreises: ich bin da, unter euch, unter uns, angekommen zu unserem Tag, zu einem ganztägigen Seminar, zu dem wir uns bei Heide zu Hause treffen. Ich bin da als die, die ich bin. Plötzlich steht Heide auf, geht in die Küche und kommt zurück mit einem großen Keramikhuhn, das sie mitten unter unsere Namen stellt ... und dort thront es, »wie eine Henne ihre Küchlein unter ihre Flügel sammelt« (Matthäus 23,37). Wir lachen hell auf vor Vergnügen: die Gottheit in ihrer weiblichen Gestalt ist mitten unter uns Frauen, die wir uns in unserem eigenen Namen versammelt haben!

Ich habe nachgeschaut: in der Bibel kommt dieses Gottesbild der »Henne« nur zweimal vor: einmal in der zitierten Stelle bei Matthäus, das zweite Mal in derselben Wendung bei Lukas (13,34). Gott als »Herr« hingegen füllt in der Calwer Bibelkonkordanz ganze einundzwanzig Seiten mit Quellenhinweisen! Wenn wir alle Zusammensetzungen wie »Herr Gott«, »Herr, Gott Israels«, »Herr, Gott Zebaoth«, »Herr Zebaoth, Herr, Herr Zebaoth«, »Herr, Herr« und »Herr (von Geschöpfen)« dazurechnen, bringt »Er« es sogar auf beinahe vierundzwanzig Seiten. Ich habe auch das Wort »Herrin« gesucht. Wie »Henne« kommt die »Herrin« laut Bibelkonkordanz nur zweimal in der Bibel vor. In beiden Fällen bezieht sich das Wort »Herrin« nicht auf die Gottheit, sondern bloß auf Menschen oder eine politische Größe. In beiden Fällen wird es zudem in einem verneinenden Sinne verwendet: das erste Mal entsetzt Asa, König von Juda, seine Mutter Maacha ihrer Würde als »Herrin« und Gebieterin (so lautete der Titel der Mutter des Königs), »weil sie ein Götzenbild für die Aschera hatte machen las-

74

sen« (1. Könige 15,13). Im zweiten Fall spricht Jesaja (47,5) zur Stadt Babel: »Setze dich schweigend hin, geh in die Finsternis, Tochter der Chaldäer! Fürder nennt man dich nicht mehr Herrin der Reiche.« Die Geschichten, die von der »Herrin« handeln, sind Geschichten des Kampfes des »Herrn« gegen andere Reiche, Götter und Göttinnen. Viel, sehr viel »Herr« also in der Bibel, kaum »Herrin«, und am Rand nur das Gottesbild der »Henne«. Und doch knüpfen wir an beim weiblichen Gottesbild, das verlorengegangen ist, das zu kurz gekommen ist: bei der Henne, die ihre Küchlein sammelt, inmitten unserer Namen.

Am Abend unseres »Seminar-Tages« treffen wir uns zu einer Feier. Jede hat in Haus oder Garten einen Gegenstand gesucht, der ihre Anliegen, Hoffnungen, Wünsche zum Ausdruck bringen soll. Es ist lange still; dann legt jede ihr »objet trouvé« – den Gegenstand, den sie gefunden und ausgewählt hat – in den Kreis und sagt etwas dazu. Zum Abschluß begrüßen wir mit »Der Mond ist aufgegangen« den Vollmond. Christel, die katholische Krankenschwester, hat ein geblümtes Band in die Mitte gelegt – ihr Wunsch: daß wir doch auch im Gottesdienst nicht so ängstlich auf Abgrenzung, auf Distanz schauen, sondern es wagen, uns nahe zu kommen, uns nahe zu sein, uns zu berühren. Ein Band zur Überwindung körperlicher und seelischer Berührungsscheu. Ähnlich beschreibt Mary Daly Schwesterlichkeit als ein »bonding«, als einen Prozeß, in dem wir uns wie mit einem Band untereinander ver-binden[21].

Vreni legt eine Zitrone hin. Sie ist wütend, verletzt, verärgert, weil sie sich durch ein Frauenlied, das wir zusammen gesungen haben, in ihrer Mütterlichkeit herabgesetzt fühlt – sie erwartet ihr drittes Kind. Sie will unter uns sauer sein und das auch zeigen und ausdrücken dürfen. Das Band hält uns trotzdem zusammen: Pfarrerinnen, nicht im Beruf tätige Theologinnen, Laienfrauen in allen Formen der Nähe oder Distanz zu den Kirchen, Frauen aller Alter und Zivilstände, verschiedenster Bildungsgrade und Berufe, Mütter und Nichtmütter, Schwestern unterschiedlichster Temperamente und Gestimmtheiten.

Dieser Tag, »unser Seminar«, und der Abend zu den »Gottesbildern« waren auch ein Stück Praxis zu unserer Charta-Forderung nach einer neuen »Ausbildung von Pfarrer/inne/n. Neben ihrer theologischen Fachausbildung sollten sie vor allem befähigt werden, in ihrer Gemeinde mit anderen Laien zusammenzuarbeiten, zwischenmenschliche Beziehungen sowie die Bildung und selbständige Arbeit von Gruppen zu fördern. Sie sollten weniger ›Pfarrherren‹ als Diener einer mündigen Gemeinde sein, die es als ›Animatoren‹ verstehen, die Gaben ihrer Gemeindeglieder zu aktivieren und zur Entfaltung zu bringen. Dabei unterschätzen wir die Bedeutung der traditionellen fachwissenschaftlichen Schulung keineswegs, legen aber vermehrt Gewicht darauf, daß Pfarrer/innen reife und beziehungsfähige Persönlichkeiten sind.«

Warum »feministisch« und nicht «feminin«?

Unser Basler »Lesezirkel« entwickelt sich weiter, und eines Tages ändern wir unseren Namen in »Arbeitsgruppe Feministische Theologie«, weil wir finden: wir nehmen ja nicht nur passiv-lesend neue Gedanken auf, wir erarbeiten uns in einem aktiven Prozeß des Lesens und Diskutierens, des Reflektierens und Weitersuchens neue Horizonte, neue Denkweisen, neue Haltungen. Während wir vom »Lesezirkel« zur »Arbeitsgruppe« wachsen, bleibt bei der Namensänderung die Bezeichnung »Feministische Theologie« unverändert, obwohl gerade sie viel zu reden und zu fragen gab und gibt.

Nach einem Referat in der Zürcher Paulus-Akademie sprechen mich zwei Nonnen fast ein bißchen verschämt darauf an: warum denn »feministische« und nicht etwa »feminine Theologie«? Ich meinte damals und meine noch heute: unter »feminin« können wir all das zusammenfassen, was sich Männer als Weibliches vorgestellt und erträumt haben – »feminin«, das ist, wie der Mann die Frau sehen und haben will; »feministisch«, das meint den Weg von Frauen, sich selber und die ganze Welt mit ihren eigenen Augen, aufgrund ihrer Erfahrungen und Gedanken zu erleben, zu sehen, zu verstehen, zu deuten und zu gestalten. »Feministisch« meint darum nicht so sehr einzelne und fest bestimmte Inhalte, es zielt auf die Urheberinnenschaft: von und durch und aus Frauen, Selbstaussage von Frauen über sich und die Welt. Als wir im Herbst 1977 zum »Lesezirkel Feministische Theologie« einluden, setzten wir das Wort »feministisch« ganz bewußt als Nagelprobe ein: es sollte signalhaft einen radikal frauenfreundlichen Ton anschlagen. Wer vor dem »Feminismus« Angst hatte, sollte unserer Gruppe lieber von vornherein fernbleiben. Das plakative Wort, die Fackel, würde schon jene anlocken, die »Theologie« – Glaubensfragen, Gott, Kirche, Welt, sich selber – endlich einmal aus »feministischer Sicht« betrachten wollten.

Eine andere Anfrage betrifft die »Theologie«: warum denn überhaupt, warum noch »Theologie«? Ich sehe in andern und in mir selber zwei Gründe. Auch wenn die Kirchen sich noch so frauenfeindlich verhalten, haben dennoch nicht wenige Feministinnen »ein religiöses Organ«, wie sich Tine Halkes einmal ausdrückte. Auch wir wollen uns des »Anschlusses an den alles ermöglichenden Urgrund alles schöpferischen Seins« (Hanna Wolff[19]) vergewissern, ihn uns bewußt machen, ihn fühlen und feiern, auch wenn wir es nicht mehr unbesehen oder nicht mehr nur im Rahmen traditioneller Glaubensvorstellungen und herkömmlicher Gottesdienste tun können oder wollen. Deshalb müssen und wollen wir uns selber mit unserer Religion auseinandersetzen, deshalb betreiben wir auch auf dem Gebiet des Glaubens Selbsthilfe, statt, vielleicht allzu vor-schnell, das Kind mit dem Bade auszuschütten oder frustriert auf Wunder von außen oder von oben zu warten.

Zu dieser Sorge um das eigene geistliche Leben kommt das Bedürfnis, umfassender und tiefer zu verstehen, warum und wie Frauen und Männer in unserer jüdisch-christlichen, abendländischen, westlich-kapitalistischen Industrie-Zivilisation das geworden sind, was sie heute sind. Was haben Judentum/Christentum zum Werden und vor allem zum So-und-nicht-anders-Werden dieser Kultur beigetragen? Was geht in Sachen Benachteiligung, Unterdrückung, Herabsetzung, Verachtung der Frau aufs Konto unserer jüdisch-christlichen Prägung? Und gleichzeitig: finden wir nicht gerade in diesem jüdisch-christlichen Erbe befreiende, hoffnungsvolle Ansätze, inspirierende Gedanken und Bilder? Was antworte ich einem Mann, der mir beim Unterschriftensammeln für die Initiative »Gleiche Rechte für Mann und Frau« einen Korb gibt mit dem Hinweis: »Das Weib schweige in der Gemeinde«? Wie war das wirklich mit Paulus; wie hat sich Jesus Frauen gegenüber verhalten; was geht eigentlich in den Geschichten von Schöpfung und Sündenfall genau vor sich; was war und ist bis auf unsere Tage die Wirkungsgeschichte solcher Gedanken und Bilder?

Ich muß es wissen, ich will es wissen. Auch weil mir vom Studium wie von der politisch-journalistischen Berufsarbeit her allmählich dämmert: es genügt nicht, an den Bastionen des Seins-Patriarchats allein zu rütteln. Was in einer patriarchalen Welt Gesetz, Struktur, verkrustete Wirklichkeit in Wirtschaft, Gesellschaft, Kirche und Politik geworden ist, das läßt sich nicht bloß durch Gesetze und strukturelle Reformen ändern. Wir müssen gleichzeitig das Bewußtseins-Patriarchat auseinandernehmen und abbauen. Wir müssen das Patriarchale, das sich tief in Geist und Seele von Frauen und Männern festgesetzt hat, exorzieren, austreiben und ihm etwas Neues und Eigenes entgegensetzen. Darum ist das Betreiben der feministischen Theologie sowohl ein spiritueller Weg wie ein politisches, ein umfassend kulturell-politisches Handeln. Bestärkt fühle ich mich von Susanne Kahn-Ackermann vom Münchner Verlag »Frauenoffensive«, die für die deutsche Ausgabe der Bücher von Mary Daly verantwortlich ist und andere Werke zum Thema »feministische Spiritualität« herausgibt: »Solange wir bewußt und unbewußt verinnerlichte, patriarchale Denk- und Glaubensmuster mit uns herumschleppen, sind wir in der einen oder anderen Weise dem Patriarchat verhaftet. Muster, oft so evident für uns, daß sie nicht als ›Glaube‹ erkannt werden. Patriarchale – gegen Frauen gerichtete – Symbolik, Metaphorik, Sprache in uns, durch die wir die Etablierung des Patriarchats in uns und damit auch außerhalb von uns aufrechterhalten.«[22] So ist's, und darum: »feministisch« und »Theologie«!

Fall aus der vertrauten »Plausibilitätsstruktur«

Auseinandersetzung nicht nur mit dem Seins-, sondern auch mit dem Bewußtseins-Patriarchat, und eigene geistliche Suche – die Gründe zum Aufbruch wären damit erläutert. Nur: wohin führt die Reise? Wer, welche Frau geht welche Wege, schlägt welche Richtung ein, entdeckt was für Landschaften? Was geschieht mit mir, wenn ich feministische Theologie betreibe? Wohin hat sie mich bis jetzt gebracht? In welche Richtung bewege ich mich weiter?

ich werde unruhig und gerate ins stocken
ich stehe auf vom schreibtisch
und gehe in den wohnraum
ich stelle mich ans fenster
und schaue hinunter
vorgärten palmen gummibäume
hibiskussträucher
rote blüten und katzen
ich schaue in andere wohnungen
auf terrassen von nachbarn
der schwarze hund ist nicht da
die alte frau mit ihrer ewigen wäsche
im hellblauen himmel fernsehmaste
und eukalyptusbäume
ich gehe in die küche öffne den eisschrank
ja es hat noch wein zum abendessen
es hilft nicht
ich gehe zurück an deinen kleinen
alten roten gartentisch in meinem zimmer
an deine schreibmaschine die »brother« heißt
ich gehe ran an das tabu
an das wovor ich mich fürchte
es ist nämlich so

Die feministische Theologie hat mich auf einen Weg geführt, den ich nicht gehen wollte, der so nicht abzusehen war. Und doch ist es mein Weg geworden. Auch ich glaubte, zunächst, damals, daß mir feministische Theologie bedeuten würde: ich freue mich, mit Hanna Wolff »Jesus den Mann« als einen anima-integrierten Menschen kennenzulernen, der Frauen wie Männer zu ihrer psychischen Ganzheit leiten kann[23]. Mit Elisabeth Moltmann-Wendel begegne ich »Frauen um Jesus«[24] und finde in und über Maria »die weibliche Dimension Gottes« (Andrew Greely)[25]. Ich lebe auf in der Erkenntnis, daß »Geist« auf hebräisch ein weibliches Wort ist – RUACH: DIE HEILIGE GEISTIN –, und ergötze mich daran, daß biblische und theologische Begriffe wie Gnade und Barmherzigkeit von einem hebräischen Wort abstammen, das Mutterschoß und Gebärmutter bedeutet[26]. Ich vertiefe mich in die weiblichen Bezeichnungen, die Gott im Alten wie im Neuen Testament vereinzelt zugeschrieben werden, und lasse mich davon trösten, »wie einen seine Mutter tröstet« (Jesaja 66,13). Ich begeistere mich für die apokryphen Evangelien, die den Heiligen Geist als »matropater«, als Mutter–Vater, anrufen, und an gnostischen Gebeten, die die Gottheit so preisen: »Von dir Vater, durch dich Mutter, die zwei unsterblichen Namen, Eltern der Äonen«[27].

Ich dachte, ich würde dann zufrieden sein, mein Verlangen sei endlich gestillt, die Sache berichtigt und in Ordnung. Aber das Suchen, das Streben, das Sehnen geht einfach immer weiter: es hört nicht mehr auf. Hinter einem Gottvater mit weiblichen Zügen erhebt sich die Große Göttin, die Große Mutter. Durch »Jesus den Mann« hindurch wird der Mythos »Die Göttin und ihr Heros« sichtbar[28]. RUACH, die Heilige Geistin, will in ihrem eigenen Namen angerufen sein. Die silberne Sichel des Neumonds, dem in alt-jüdischen Riten der Shofar, das Widderhorn, geblasen wurde, ver-führt zur Beschäftigung mit »Moon/ Moon«, mit der dreifaltigen Göttin des wachsenden, vollen und abnehmenden Mondes. Und hinter den schwarzen Madonnen unseres Kulturkreises erkenne ich die alte Göttin des Schwarzmondes, der drei Tage lang unsichtbar verborgen bleibt[29]. Und wie beiläufig hört Christus auf diesem Weg auf, das A und O zu sein. Und als könnte es nicht anders sein, verblaßt Gottvater zu einer Metapher unter vielen. Ganz allmählich falle ich heraus aus dem Rahmen der mir anerzogenen religiösen Gedanken- und Bilderwelt. Ich wachse – um ein Wort des Religionssoziologen Peter L. Berger zu brauchen – aus der christlichen »Plausibilitätsstruktur«[30] heraus und in eine Gläubigkeit hinein, die sich dogmenlos, kirchenlos, heimatlos, aber gott-unmittelbar »an den alles ermöglichenden Urgrund alles schöpferischen Seins« (Hanna Wolff)[19] anschließt. Gewollt, gesucht habe ich das nicht. Es hat sich ereignet.

◇

Damit ist feministische Theologie als etwas Gefährliches ausgewiesen. Eine Frau, die sich auf feministische Theologie einläßt, kommt an viele Weggabelungen. Sie wird, sie muß immer wieder Entscheidungen fällen, welchem Weg sie folgt. Es kann sein, und viele Frauen erleben es so, daß ihnen die feministische Theologie eine neue Sicht auf den biblisch-christlichen Glauben verschafft und sie erfrischt und angeregt innerhalb dieser »Plausibilitätsstruktur« aufleben. Vielen ist dieser Weg gemäß; er entspricht ihrem Temperament und ihrem »Sitz im Leben«. Andere beziehen neue – oder vielmehr alte – Elemente wie Naturbetrachtung und Mondbewußtsein in ihre christliche Grundhaltung mit ein, ohne den Vorrang der christlichen Ausrichtung aufzugeben. Eine dritte Gruppe jedoch hat Mühe, ihre neuen feministischen Fragen und Antworten weiterhin mit der herkömmlichen »Plausibilitätsstruktur« zur Deckung zu bringen. Und hier verläuft denn auch ein Riß – in unserer Basler Arbeitsgruppe wie bei Tagungen über feministische Theologie: es gibt Frauen, die bei bestimmten Fragen »transgredieren«, einen Schritt »darüber hinaus« machen, und andere, die in solchen Augenblicken eine Harmonisierung mit dem suchen, was innerhalb des christlichen Rahmens noch denk- und sagbar ist. Hier entstehen Reibungen, Feindseligkeiten, Konflikte: Angst der »verharrenden« Frau vor der »radikalen« Schwester oder der eigenen, verdrängten und verleugneten Möglichkeit, selber weiter zu gehen; Ressentiments der »transgredierenden« Frau gegenüber der »zögernden« Schwester, weil sie ihr das eigene Gefährdetsein und den Kampf mit den Grenzen schmerzhaft deutlich bewußt macht.

Feministische Theologie kann also beides sein, beides bewirken: eine feministische Sichtweise, die sich dem Rahmen eines mehr oder weniger herkömmlichen christlichen Theologisierens einfügt und unterordnet. In diesem Fall ist »Theologie« nicht nur grammatikalisch das Hauptwort – und »feministisch« bleibt Adjektiv, Beschreibung des »wie«, aber in seiner Wirkung auf das »was« letztlich beschränkt durch die Auflage, im zweiten Glied, zweitrangig zu bleiben. Es kann sein, daß auf diesem Weg Kernpunkte des christlichen Glaubens einer feministischen Kritik entzogen bleiben müssen, damit sich das vorgefundene christliche Gedankengut und neue feministische Ansätze überhaupt vereinbaren lassen. Feministische Theologie als das Theologisieren feministischer Frauen kann aber auch den Rahmen dessen sprengen, was herkömmlicherweise als noch innerhalb des christlichen Denkens liegend akzeptiert wird. Dann wird »feministisch« das Agens, der Motor der geistlichen Suche, und »Theologie« meint letztlich nur noch das, worum sich die Suche dreht: Glaubens- und Sinnfragen.

Für mich ist das so: gewiß, ich trete die Suche an auf dem Boden von Judentum/Christentum; ich komme von da her. In diesem Sinn ist meine Suche nach-christlich. Aber gleichzeitig strecke ich die Wurzeln aus in vor-jüdisch-christliche Sedimente und fahre die Antennen aus in außerchristlich-jüdische Religionen und Philosophien. Vor allem kündige ich der inneren Zensur den Dienst auf, die bis jetzt alles Material nach dem Kriterium »noch christlich« oder »schon nicht mehr christlich« geprüft und entweder zugelassen oder abgewiesen und verworfen hat. In diesem Sinne ist mein Weg wesentlich nicht-mehr-kirchlich, nicht-dogmatisch. Ich kümmere mich nicht mehr um die Duldung, die Zustimmung oder Ablehnung kirchlicher Autoritäten oder theologischer Fachleute, die oft mehr um die Reinheit und Fortdauer ihres Glaubens-, Kirchen- und Machtsystems besorgt sind als um die Lebendigkeit des Glaubens selber. Damit aber ist der »Fall« riskiert – der Fall hinaus aus einer sichernden, Halt verschaffenden »Plausibilitätsstruktur«, aus einer umgrenzten Denk- und Glaubenswelt, die mir bisher ein Zuhause gab und mir geistlich das »Brot des Lebens« brach (und die andern zusätzlich ihr täglich Brot durch den Beruf verschafft). Ich falle aus meiner alten Heimat heraus und tausche sie ein gegen eine lebenslange Pilger/innenfahrt, auf der mir nichts anderes gewiß ist als das Vertrauen, »den Anschluß an den alles ermöglichenden Urgrund alles schöpferischen Seins« [19] immer wieder zu spüren, zu er-leben, in ihm und aus ihm heraus zu leben.

Feministische Theologie: die eine bleibt erhalten, die andere fällt; die eine integriert feministische Ansätze in ein Bisheriges, die andere transgrediert, schreitet hinaus zu einer neuen Suche, zu einer eigenen geistlichen Quest – verbunden mit den Sucher/inne/n aller Zeiten, aber als Feministin des späten 20. Jahrhunderts. Warum gehen die einen diesen, ich jenen Weg? Ich glaube nicht, daß unser bewußtes Ich diese Wahl trifft; es ist wohl eher so, daß uns unser tiefstes Wesen und die vielfältigen Umstände und Bedingungen unseres Lebens den je gemäßen Weg gehen lassen. Oder wie Franz Rosenzweig 1925 in einem ähnlichen Zusammenhang an Martin Buber schreibt:

»Ob man vom Unmittelbaren zu Relativierung oder Negation des Mittelbaren kommt, ist glaube ich weniger Sache der Intensität, mit der man das Unmittelbare erlebt hat, als der historischen und biographischen Umstände, also weniger des Anteils als des Schicksals.«[31] Von daher: Liebe und Gnade allen, die mit der Grenze ringen, aber gehe jede wirklich ihren eigenen Weg – und lasse die andere den ihren gehen!

Wie unterschiedlich Frauen mit der Grenze umgehen (müssen), wurde mir im September 1980 bei einem Treffen feministischer Theologinnen in Basel bewußt. Im Zusammenhang mit einem Artikel von Catharina J. M. Halkes diskutierten wir über die Vorstellung einer immer weitergehenden Offenbarung. Tine hatte in einem Abschnitt über »Christologie« geschrieben, daß »wir aus der feministischen Theologie den Protest heraushören gegen den kirchlichen Lehrsatz, daß Gottes Offenbarung mit Leben, Tod und Auferstehung Jesu Christi endgültig geworden und damit auch abgeschlossen ist«, und später: »Feministische Theologie ... glaubt an eine weitergehende Inkarnation, die sich manifestiert in der Neugeburt aller Unterdrückten, aller Frauen, die soeben erst zu einer eigenen Existenz kommen, eine Stimme und ein Gesicht erhalten und zu ihrem eigenen Glaubensausdruck kommen. Gottes Menschwerdung geht weiter.«[32] Demgegenüber meldete die Lutheranerin Elisabeth Moltmann-Wendel typisch protestantische Bedenken an: daß in und mit und an Christus nun eben doch das Entscheidende geschehen sei, und

87

zwar ein für allemal. Diese Sorge, daß weitergehende Offenbarungen die Lichtgestalt Christi trüben oder gar verdunkeln könnten, vermochte nun die Katholikin Catharina Halkes nicht zu teilen – sie, die ohnehin in einem geistlichen Kosmos zu Hause ist, den schon immer mehr Gestalten als bloß die Heilige Dreifaltigkeit bevölkert haben. Gewiß: hier war jede der beiden Theologinnen in ihrem Glaubenssystem noch »drin«, und die Weggabelung blitzte eher im Auseinanderdriften verschiedener Konfessionen auf als in der Scheidung zwischen »noch« oder »nicht mehr christlich«. Aber dennoch: wie weit kann und darf diese weitergehende Offenbarung denn gehen, wenn sie/solange sie noch im Rahmen des Christlichen Zustimmung finden will? Und wer entscheidet im Konfliktfall, ob eine »weitergehende Offenbarung« von Frau Halkes (oder Frau Halkes selber) noch »drin« liegt im System?

Beim nächsten Theologinnentreffen ein Jahr später in der Diakonissenanstalt Kaiserswerth betonte Catharina J. M. Halkes, sie würde nun lieber von einer »weitergehenden Entfaltung der Offenbarung« als von einer »weitergehenden Offenbarung« sprechen. In diesem Kompromiß konnten sich die beiden christlichen Theologinnen wieder finden – der Protestantin war »das christliche Proprium« nun hinreichend abgesichert.

Ich ver/urteile nicht. Das sind die Fragen von Frauen, die die Grenze von »innerhalb« bewegen, die an der inneren Front kämpfen. Aber ich denke an Mary Daly, von der der Begriff der »weitergehenden Offenbarung« ursprünglich stammt[33]. Sie hat als katholische Theologin an der Universität Freiburg im Uechtland in der Schweiz promoviert. In ihrem ersten Buch »The Church and the Second Sex« (analog zu Simone de Beauvoirs »Das andere Geschlecht«: »Die Kirche und das andere Geschlecht«, auf deutsch dann als »Kirche, Frau und Sexus« publiziert) setzt sie sich Ende der sechziger Jahre für die Anerkennung der Frau in der katholischen Kirche ein. Dann kehrt sie nach Amerika zurück, kommt mit der Frauenbewegung in Kontakt und publiziert 1973 ihr »Beyond God the Father – Toward a Philosophy of Women's Liberation« – *Über Gott den Vater hinaus – und hin zu einer Philosophie der Frauenbefreiung,* ein Buch, das 1978 unter dem deutschen Titel »Jenseits von Gottvater, Sohn & Co.« erschienen ist.

Nach ihren eigenen Worten läßt sich ihre Reise vom ersten zum zweiten Buch nicht mit irdischen Kalendern und Karten messen. Sie läßt sich nicht einmal mit einem Mondflug vergleichen, am ehesten noch mit einer Reihe riesiger Sprünge von Milchstraße zu Milchstraße, mit einer geistlichen Siebenmeilenstiefelreise zu immer entfernteren Sternen: »Mehrere Frauen-Lichtjahre trennten mich von ›Die Kirche und das andere Geschlecht‹, an dessen Autorin ich mich manchmal kaum erinnern konnte«, sagt sie 1974 von sich selber. Sie läßt die Zeit, die sich nach »Anno Domini/im Jahr des Herrn« mißt, hinter sich und beginnt eine neue Zeitrechnung nach »Anno Feminarum/im Jahr der Frauen«. Selber und freiwillig katapultiert sie sich aus einer Organisation hinaus, der sie einmal als eine andere – wie »in einer früheren Inkarnation« – angehört hat[34].

In Mary Dalys Worten und Bildern kann ich eigene Erfahrungen wiederfinden: wer einmal Feministin geworden ist, kann in der bestehenden Welt nur noch »on the boundary« – *auf der Grenze* – [35] leben, be-findet sich also in Grenzräumen, wo es gar nicht mehr so wichtig ist, ob ich »grade noch drin« oder »grade schon draußen« bin. »On the boundary«, auf der Grenze, bin ich allemal eine Hagazussa, eine Hexe, eine, die »auf dem Hag, der Hecke, dem Zaun« zwischen Zivilisation und Wildnis sitzt, zwischen altvertrauter, wohlbekannter »Plausibilitätsstruktur« und unerforschtem, unkartographiertem Neu-Land, rittlings mit einem Bein drinnen, mit dem andern draußen. »Denn eine christliche Kultur, die immer leib- und lustfeindlicher wurde, versuchte auch allmählich, die Hagazussa vom Zaun zu verscheuchen, sie von der Grenze der Kultur in die Wildnis, von der Dämmerung in die Nacht zu jagen.«[36] »On the boundary« sein heißt deshalb auch: gefährdet sein, unbehaust. Aber ich erfahre gleichzeitig auch das andere: der Fall, der gefürchtete, so lange vermiedene, bei allem, was er mir nimmt, er-öffnet mir auch neue Räume, Sternräume, Welträume, Weltfahrträume. Ich trete eine geistliche Raumfahrt an – und die Sterne rufen mich: ursa major, die große Bärin, und luna, der Mond . . .

Diana von den Bären
Mutter Mond

hilf mir meine
kräfte und säfte
so lenken
daß ich
erschaffen und
frucht tragen und
zur welt bringen kann

gib mir
genug geduld
damit der samen
im dunklen schoß der
erde erst
wurzeln treibt
bevor der keim
austritt und die
oberfläche durchstößt und
wort wird

Sternschnuppenstunde

Gott-unmittelbar, dogmenlos, kirchenfern, nicht mehr wissend, wie und wer »Gott« ist, via negativa, der negative Weg oder der Verzicht darauf, die Gottheit zu be-, zu umschreiben: wir wissen nichts von ihr, über sie. Arm und leer werden und horchen und schauen. Die Mystiker/innen kommen mir in den Sinn. Ich schlage in der Encyclopaedia Britannica nach, Stichwort »Mysticism«: »The essence of mysticism is the sense of contact with the Divine or Transcendent, involving in its higher forms the experience of union with divine reality.« *Das Wesen der Mystik ist das Gefühl des Kontakts mit dem Göttlichen oder Transzendenten, das in seinen höheren Formen die Erfahrung der Vereinigung mit der göttlichen Wirklichkeit einschließt*[37]. »Mystik« wäre demnach: im Kontakt sein, angeschlossen sein an den alles ermöglichenden Urgrund alles schöpferischen Seins.

Ich erinnere mich an einen Sonntag vor vielen, vielen Jahren, lange vor der Zeitrechnung »Anno Feminarum«. An einem warmen Nachmittag liege ich in meinem Liegestuhl auf der Terrasse; ich habe in Zeitungen, Zeitschriften, Büchern gelesen, lange. Dann habe ich alles beiseite gelegt und liege einfach still da. Ich bin den ganzen Tag allein gewesen und habe lange geschwiegen.

> ich denke nichts an nichts
> ich schaue in den lichtblauen abend hinein
> sehe schwarze punkte in diesem blau
> und wandere ihnen mit den augen nach
> da stürzt mir einer plötzlich entgegen
> und schießt eine schwalbe
> durch den himmel
> da bin ich eins mit dem himmel
> und dem pfeilschnellen flug
> und dem schreien der
> weißbäuchigen schwalben
> da bin ich raum und zeit
> entrückt ganz
> erfüllt und
> gegenwart

Nichts Besonderes ist vorgefallen, nichts Großes geschehen, und doch: ein großer, besonderer, von allen anderen abgehobener Augenblick: »es« ist geschehen – »contact with the Divine or Transcendent« – *Kontakt mit dem Göttlichen oder Transzendenten*, wie das Lexikon sagt. Nachher bin ich wieder an mein Tun und Treiben gegangen. Kennst du das auch? Erinnerst du dich an eine solche Sternstunde? An deine Sternschnuppenerfahrung? Nach diesem Erlebnis hat mich nicht die Frage nach dem »Göttlichen« oder »Transzendenten« beschäftigt: ich hatte »es« ja erlebt – was gab es da noch zu fragen, zu reden, zu be- und ergründen? Was mich umtrieb, war vielmehr die Frage nach mir selber: wer bin ich eigentlich, daß mir solches widerfahren kann? Wer bin ich, oder: was bin ich, was ist das eigentlich: ein Mensch, die mit dem »Göttlichen« in Kontakt treten, die solches erleben kann? Bislang hatte ich mich von dieser Seite nicht kennengelernt!

❖

Ich war zu jener Zeit einmal in Mailand und brachte mir von dort ein Buch über die Kirche S. Eustorgio mit. Vor allem wegen der Kapelle der Portinari, die mir so gut gefallen hatte. Unter den Skulpturen, die Giovanni di Balduccio da Pisa im 14. Jahrhundert für ein Grabmal gemeißelt hat, gibt es eine »Fortitudo«, eine Frauengestalt, die die Stärke symbolisiert. Die »Fortitudo« hält in ihren Händen eine Scheibe, die das Meer darstellt; in der Mitte des Meeres befindet sich, kreisund, die Welt, die Erde, und in der Mitte dieses

Kreises eine Stadt: die Heilige Stadt, das Goldene Jerusalem. Ich mußte dabei an einen Versuch der Jung-Schülerin Marie-Louise von Franz denken, die menschliche Seele zu zeichnen: sie stellt die Psyche als eine riesige Kugel dar – dies entspricht der Meeresscheibe der Fortitudo –, die sowohl das persönliche wie das kollektive Unbewußte eines Menschen umfaßt. Auf dieser Kugel befindet sich eine ziemlich kleine Insel: das »Bewußte« eines Menschen – bei Giovanni di Balduccio da Pisa die Erdscheibe, das feste Land. Auf dieser Insel ist ein winziger heller Fleck, ein weißer Punkt zu sehen: das »Ich« eines Menschen, oder in der Bildsprache Balduccios: die Stadt[38].

Ich selber als Person, ich als ganzer Mensch habe an all diesen Schichten und Bereichen teil: meine »Stadt« ist mein bewußtes »Ich«, mein Kopf, mein Denken und Analysieren; hier wirken Klarheit und Wille, zielgerichtete Absicht und zweckmäßiges Handeln. Aber meine Person erschöpft sich nicht in dieser Dimension. Unter dieser taghellen Wohnung gibt es verborgene Kammern und Kellergeschosse – viel unerforschtes Land, unausgelotete Gewässer, ungekannte Grundwasserströme. Im persönlichen Unbewußten speichere ich das, was ich selber erlebe, fühle, erfahre und empfinde. Ich lagere es ab in einer Art persönlichem Archiv, aus dem es durch die unwahrscheinlichsten Anlässe wieder abgerufen werden kann. Eine Akazie duftet beklemmend süß durch einen Frühsommerabend – und plötzlich bin ich wieder jenes zehnjährige Schulmädchen, das beim Einnachten – in der Dämmerung – auf

94

seinen Rollschuhen um den Häuserblock flitzt, fliegt, rast und einfach nicht schlafen gehen will. Botschaften aus dieser Schicht des Lagers steigen ziemlich häufig in uns empor und beglücken oder belästigen uns. Vielen Menschen aber sind die noch weiter unten liegenden Tonnengewölbe des kollektiven Unbewußten kaum bekannt. Nach C. G. Jung haben wir im kollektiven Unbewußten nicht persönlich Eigenes eingelagert, sondern tragen dort, tief in uns eingegraben, Erfahrungen, Bilder, Symbole und Mythen unseres Kulturkreises, ja der ganzen Menschheit mit uns herum. Auch sie können immer wieder in uns hochsteigen, aus uns hervorbrechen. Aufgefallen ist mir das bei einer durch und durch reformierten Malerin, die vor allem wuchtige Bündner Gebirgslandschaften und saft- und kraftstrotzende Blumensträuße malt. Dazwischen ein paar Bilder von Mutter und Kind – und ich spüre: was die Malerin so tief ge- und berührt hat, ist nicht allein diese Bergbäuerin mit ihrem Kind; durch diese Bergbäuerin-Mutter schimmert das Urbild der Madonna hindurch, die Mutter schlechthin, die machtvolle Gestalt der Großen Mutter, der Magna Mater – ein Archetypus aus dem kollektiven Unbewußten, der sich auch in der Seele einer überzeugten Protestantin regen kann.

Und das Selbst? Die ganze Scheibe oder die ganze Kugel, die alles andere trägt und belebt: sie stellt das Selbst dar. Das Selbst als das Ganze, Große, Umfassende und Tiefe, auf dem wir fußen; gleichzeitig aber auch unser allerinnerster Kern, der weit über unser »Ich« hinausgeht. Kern und Kugel, Zentrum und Kreis. Beides zugleich. Beschreiben läßt sich das kaum. Und doch können Menschen mit nicht weiter »beweisbarer« Gewißheit sagen: in dieser Erfahrung hatte ich es mit dem Selbst zu tun, da hat sich mir das Selbst mitgeteilt[39].

Der unzerstörbare Kern in mir selber

Mitteilung des Selbst. Teilhabe am Selbst. Mir fällt auf, wie häufig das Wort »Selbst« im Zusammenhang mit der Frauenbewegung vorkommt. Ist nicht der Ruf, die Forderung, der Aufschrei der Frauen nach »Selbstverwirklichung« das Grundanliegen der Frauenbewegung? Wird nicht von den Kritikern der Emanzipation eben diese »Selbstverwirklichung«, dieses angeblich rücksichtslose Streben der Frauen nach »Selbstentfaltung« angeprangert und ihnen die Tugend weiblich-mütterlicher Selbstlosigkeit mahnend in Erinnerung gerufen? Mich hat in diesem Zusammenhang eine kühne Wendung von Margarete Susman-von Bendemann (1872–1966) beeindruckt. In der Zeit zwischen den beiden Weltkriegen spricht diese deutsch-jüdische Dichterin/Denkerin vom »Verhalten einer neuen, in Arbeit und Liebe selbständiger, selbstbewußter und selbstloser gewordenen Frauengeneration«[40]. In den Augen von Margarete Susman sind die Frauen nicht nur selbständiger und selbstbewußter, sondern gleichzeitig auch selbstloser geworden. Und in dieser Reihenfolge läßt sie keine Zweifel offen: Selbständigkeit und Selbstbewußtsein sind für sie unerläßliche Voraussetzungen der Selbstlosigkeit! Nein, so sind wir das nicht gewohnt. Ganz im Gegenteil. Wir kennen die Klagen, daß das Selbständiger-werden-Wollen der Frauen Ehen und Familien ruiniere und den Arbeits- und Wohnungsmarkt belaste (es sei denn, es herrsche gerade Hochkonjunktur, wo die Reserven an unausgelasteter Frauenenergie willkommen sind). Wir kennen die Angst, daß das wachsende Selbstbewußtsein der Frauen das überlieferte Selbstbewußtsein der Männer als Partner, Liebhaber, Ehemänner, Väter, Söhne, Lehrer, Kollegen, Politiker, Genossen und so weiter erschüttere und wir Frauen uns doch ein bißchen zurückhalten sollten, um die armen Männer nicht noch mehr zu verunsichern. Wir kennen die stereotypen Appelle an die Selbstlosigkeit der Ehefrauen, Hausfrauen und Mütter, die in Familie und Verwandtschaft, Kirchen und Vereinen, Parteien, Spitälern und Heimen und wo nicht bescheiden und still, aufopfernd und selbstlos ihren (meist un- oder schlecht bezahlten) Dienst tun, und wo kämen wir auch hin, wenn . . .! Mit einer nicht zu überbietenden Mischung von Naivität und Zynismus heißt es in einer französischen Reklame für Modeschmuck: »Les hommes ont toujours préféré la féminité au féminisme« – *die Männer haben die Feminität dem Feminismus immer vorgezogen* – also bitte, meine Damen! Um der Liebe willen, um der Männer willen, um der Kinder willen – und damit auch in eurem ganz eigenen Interesse: kehrt euch ab von féminisme/Selbständigkeit/ Selbstbewußtsein und kehrt um, kehrt zurück zur féminité/Selbstlosigkeit! Wir Männer haben das so viel lieber! Ihr gefallt uns auf diese Weise so viel besser! Werdet nicht selbständiger und selbstbewußter, sondern bleibt selbstlos!

Dagegen Susmans Reihe: selbständig – selbstbewußt – selbstlos, eines nach dem andern, eines aus dem andern. Selbstlosigkeit ergibt sich, erwächst aus Selbständigkeit und Selbstbewußtsein. Gegner weiblicher Selbstverwirklichung wollen die Frau jedoch vor aller Selbstwerdung selbst-los, ohne Selbst, halten. Im Wunschdenken solcher Männer (und leider nur allzuoft unter dem Druck der psychologischen, sozialen und wirtschaftlichen Gegebenheiten unserer patriarchalen Welt) bleiben Frauen selbstlos, weil sie ihr eigenes Selbst, sich selber, ihr Eigenes gar nie finden, ja es eigentlich gar nie richtig suchen können. Die Frau bleibt irgendwo/irgendwie auf ihrem Weg zum vollen mündigen Menschen stekken – und es war im Rahmen einer patriarchalen Gesetzgebung eigentlich ganz logisch und systemimmanent, die (Ehe-) Frauen zusammen mit den auch nicht ganz mündigen und nicht ganz zurechnungsfähigen Kindern und den Schwachsinnigen zu bevormunden – zu ihrem eigenen Schutz, wie es hieß. Der Jung-Schüler Erich Neumann redet in seiner »Psychologie des Weiblichen« von jenen Frauen, die im Patriarchat ewig Töchter bleiben müssen – aus Papas süßem Mädchen wird die niedliche Kindfrau des väterlich-überlegenen Mannes, der noch als Mutter »seiner« Kinder etwas Kindhaftes anhaftet[41]. So mag sie entzükkend sein, voller Liebreiz, aber letztlich ohne

Selbst. Unmündig. Noch-nicht-Person. Wo ein Selbst sein und wirken sollte: Leere, ein Defizit, ein unbeschriebenes Blatt, eine Barriere, verstellte Tiefe. Feminität einer Objekt-Frau statt Feminismus einer Frau, die das Subjekt ihres eigenen Lebens geworden ist.

Ganz anders sieht Margarete Susman die Selbstlosigkeit der zuvor selbstbewußt gewordenen Frau: sie kann von sich absehen, weil sie »ich« sagen gelernt hat; sie kann sich zurücknehmen, zurücksetzen und wirklich dienen, weil sie sie selber geworden ist, weil sie erwachsene, reife Fähigkeiten erworben hat, Eigenschaften, wie wir sie auch von einem Mann erwarten. Beziehungs- und gemeinschaftsfähig wird die Frau, die um den unzerstörbaren Kern in sich selber weiß. Die Tochter wird erwachsen. Die Frau wird mündig, wird Person. Gewiß: dann bimmelt dem Patriarchat die Totenglocke. Aber gleichzeitig klingt die Glocke der Wandlung auf: nun könnte es werden, daß sich Selbste begegnen, weibliche und männliche. Jedes sein eigen. Iche, die sich Du werden. Paare, in denen sich Frauen und Männer und nicht »Väter« und »Töchter«, »Herren« und »Knechtinnen« verbinden. Selbstlosigkeit hieße dann nicht mehr: ohne Selbst sein, sondern: auf dem Boden der Selbst-Werdung von engherziger und kurzsichtiger Ich-Sucht, von kleinlichem Egoismus frei werden. So können sich Frauen und Männer den Ruf nach »Selbstlosigkeit« gefallen lassen!

✧

Daß Frauen ihr Selbst finden, sie selber werden, das ist mir immer mehr zum Herzstück der
Frauenbewegung, des Feminismus, der feministischen Theologie geworden. »der mensch meines
lebens bin ich«: so tönt, ein bißchen triumphali-
stisch, der Schlußakkord jenes Buches, das im
»UNO-Jahr der Frau« (1975) zu einem wahren
Bestseller innerhalb der deutschsprachigen Frauenbewegung geworden ist: »Häutungen« von Verena Stefan[42]. Der Mensch meines Lebens bin ich!
Ich selber. Was meint das anderes als die überwäl-
tigende Erfahrung: ich bin ich, ich bin ein Ich, ich
bin, die ich bin. Ich selber bin der Mensch, das
Subjekt meines Lebens. Ich bin mein, MEIN EI-
GEN! Das ist der Jubel, das Glück, die Ekstase der
Selbst-Bewußtwerdung von Frauen, der wahre
und tiefe Eros der Frauenbewegung! Eigentlich
geht es »nur« – nur! – darum, daß Frauen Subjekte, Selbste, werden. Alles andere ist – wort-
wörtlich: sekundär, folgt daraus, ergibt sich
daraus.

Allerdings: in diesem »nur!« steckt ein Prozeß
von unabsehbarer Tragweite. Wenn es in der Frauenbewegung um die Selbst-Werdung von Frauen
geht, dann ist sie nicht bloß eine politische und
soziale Strömung, die unser Bewußtes und unseren wachen Verstand anspricht; dann ist sie auch
eine Kulturrevolution, die unser Unbewußtes er-
faßt und an die rätselhaften Dimensionen des
Selbst rührt. Nur von daher, will mir scheinen,
sind die ungeheure Kraft und Dynamik dieser
Bewegung wie auch ihre Grenzen, Mißerfolge
und Entgleisungen zu verstehen. Von daher fällt

auch ein anderes Licht auf die massiven Widerstände und Ängste, die die Frauenbewegung in vielen Frauen, Männern und Machthabern auslöst. Wir haben es hier mit dem »Stoff« zu tun, aus dem epochale Umbrüche gewoben sind. Heute beginnen wir zu ahnen, was die Zerstörung mutterrechtlicher und mutterreligiöser Kulturen durch das Patriarchat, durch Vaterrecht und Vaterreligion bedeutet hat. Wenn das Patriarchat, die Unterordnung der Frauen unter die Männer, nun allmählich durch die Selbst-Werdung der Frau/en ab- und aufgelöst wird, dann wird auch dieser Prozeß einen Umbruch auslösen, der weit unter die Oberfläche greift.

Ein Beispiel: Die Forderung »gleicher Lohn für gleiche Arbeit« sagt nicht nur dem Seins-Patriarchat den Kampf an; sie weitet sich auch auf das Bewußtseins-Patriarchat aus und wird, meine ich, deshalb auch von beiden Fronten her bekämpft. Denn die Zahlung von gleichem oder ungleichem Lohn ist nicht ausschließlich eine Sache von Franken und Rappen in welcher Währung auch immer; sie beeinflußt gleichzeitig die Art, wie wir uns als lohnempfangende Frauen und Männer in einer Gesellschaft gegenüberstehen und uns einschätzen. Wenn ich im Lohn dem Mann gleichgestellt werde, gibt es nicht nur in meinem Geldbeutel, sondern auch in meinem Selbstwertgefühl eine »Aufwertung«. Und mein »gleicher Lohn« schlägt sich nicht nur auf dem Bankkonto meines Kollegen nieder (dessen Lohnzuwachs dadurch vielleicht geschmälert wird); es verändert auch die Art, wie er mich als Frau wahrnimmt und beurteilt. Es macht in seiner wie in meiner Seele etwas aus, ob wir Frauen wirklich »gleich« werden, oder ob die Männer nach wie vor »gleicher« bleiben.

Ein zweites Beispiel: Die geforderte Zulassung von Frauen zum Priesteramt in der katholischen, der anglikanischen und weltweit noch in vielen protestantischen Kirchen scheint manchem kühlen Kopf einfach eine logisch-rationale Schlußfolgerung aus den Menschenrechten zu sein, ein selbstverständliches Postulat von Vernunft und Billigkeit. Das müßte mit ein bißchen gutem Willen, mit Einsicht und etwas Innovationsfreude doch zu verwirklichen sein! Aber da sitzt mir jene Nonne gegenüber, die sich einfach nicht vorstellen kann und der es irgendwie auch zuwider ist, daß ihr eine ihrer Mitschwestern, eine gewöhnliche Frau wie sie selber, als Priesterin die Sakramente reicht. Oder ich höre von jener reformierten Frau, die mitten aus einer Abendmahlsfeier weggelaufen ist, weil Brot und Wein von einer hochschwangeren Pfarrerin ausgeteilt wurden. Was ist in dieser gottesdienstflüchtigen Frau vorgegangen? Sie muß die augenfällige Verbindung von weiblicher Geschlechtlichkeit und sakraler Handlung in einem unerträglichen Ausmaß als abstoßend, widerlich, ja vielleicht sogar als gotteslästerlich empfunden haben. Und in der Stimme einer Ordensoberin schwingt noch immer verhaltener Zorn mit, als sie erzählt von all den (Männer-) Gebeten um (männlichen) Priesternachwuchs, die sie sich als Mädchen anhören mußte – sie, die doch selber so gern Priester geworden wäre, aber mit wachsender Wut einsehen mußte, daß ihr Dienst im Weinberg des Herrn nicht erwünscht war, und zwar allein aufgrund ihres Geschlechts!

Diese Beispiele zeigen: ob Frauen in einer Kultur, einem Kult das Allerheiligste handhaben und berühren dürfen (oder eben nicht), ist nicht bloß eine Frage formalrechtlicher Gleichstellung: es ist eine Sache, die das Unbewußte von Frauen und Männern bis in seinen Kern hinein berühren kann. Ich meine, daß der (frühere) katholische Moraltheologe Stephan Pfürtner recht hat, wenn er das Heranlassen der Frauen an die Sakramente als den eigentlichen Prüfstein für die Achtung der Frau in einer bestimmten Kultur betrachtet. Wo Frauen die Sakramente nicht verwalten und damit nicht Priesterinnen sein dürfen, da werden sie trotz anderslautender Lippenbekenntnisse und Gesetzesparagraphen letztlich nicht gleich-geachtet, nicht als gleich-wertig, als gleich-berechtigt anerkannt[43]. Und unausgesprochen, in der Tiefe, tief drin in sich selber, wissen das sowohl die Frauen wie die Männer.

Zwischen göttlich und weiblich: ein Abgrund

Bei der Zulassung von Frauen zum Priesteramt spielt noch etwas anderes mit: es geht nicht nur um eine »horizontale« Gleichstellung von Frau und Mann, es geht auch um die vertikale Dimension der Beziehung des Weiblichen zum Göttlichen. Als Priesterin darf die Frau das Heilige ja nicht nur verwalten: sie darf es als seine Stellver-

treterin auch selber darstellen, ab-bilden, ver-
körpern, ihm Gestalt geben. Zugang von Frauen
zum Priestertum heißt also letztlich: die Gottheit
kann auch in einer Frau, in einer weiblichen Person offenbar werden; das Heilige kann sich in der
Stimme oder im Antlitz einer Frau mitteilen. Das
Weibliche ist genauso würdig wie das Männliche,
die Gottheit zu vertreten.

Diesen Gedanken hat mir Catharina J. M. Halkes nahegebracht[44]. Doch mit ihr weiß ich, daß
wir in unserer Kultur noch meilenweit davon
entfernt sind, das zuzulassen. Ich spüre das, wenn
ich im Heiligen Land, an den heiligen Stätten
sowohl des Islam, des Juden- wie des Christen-
tums mehr oder weniger barsch und vorwurfs-
voll dazu angehalten werde, die sonnenbadende,
lufthungrige Haut meiner bloßen Schultern und
Arme zu bedecken. Dieser Wahn, daß meine
Nacktheit ein Heiliges beleidigen könnte! Gleichzeitig ist mir bewußt: es ist erst dann gut, es wird
erst dann wirklich heil sein zwischen Frau und
Mann, wenn wir diese Schwelle, diese Tabu-
Grenze überwunden haben, wenn also die Vorstellung, daß die Gottheit in einem weiblichen
Gottesbild und einer weiblichen Dienerin offenbar werden kann, ebensowenig als lächerlich oder
blasphemisch empfunden wird wie die Tatsache,
daß wir die Gottheit in der jüdisch-christlichen
Tradition seit Jahrtausenden mit der größten Unbefangenheit mit männlichen Namen und in
männlichen Bildern ausgedrückt und angerufen
haben.

Mir ist diese männliche Einseitigkeit inzwi-

schen gründlich ver-leid-et; ich bin ihrer überdrüssig geworden, sie klingt mir falsch in den
Ohren. Nein, ich finde mich nicht mehr damit ab,
daß die Gottheit ausschließlich als »HERRGOTT«
angebetet wird. Die Männerbündelei von Gottvater, Sohn und männlich verstandenem Heiligem
Geist ist für mich kein Symbol der Ganzheit
mehr. Es drängt mich mit Macht zu weiblich-
numinosen Gestalten. Halte ich aber in meiner
Tradition Ausschau nach weiblichen Gottesbildern, so finde ich nichts als die fast völlige Abwe-
senheit weiblicher Namen und Bilder in den Got-
tesvorstellungen des protestantischen Denkens
und Redens.

Aufgezogen in der dünnen Luft des »puur luter wort«, des reinen, lauteren Wortes, anschau-
ungslos geworden in den strengen Formen bilder-
gestürmter Kirchen, stehe ich als Frau verarmt
und enterbt vor längst nicht mehr begangenen
Stufen zu unbekannten Altären. Die Wurzeln in
eine Tiefe, die mich nähren, erfrischen und begei-
ste(r)n könnte, sind abgehauen. Ich erlebe mich
als abgeschnitten, abgetrennt von den Wassern,
entwurzelt. Wenn Marie-Louise von Franz fest-
stellt, daß sich das Selbst einem Menschen häufig
in gleichgeschlechtlicher Gestalt offenbart – einem Mann als der alte Weise, als Gottvater, Christus oder als Priester, einer Frau als weise alte Frau
oder als Große Göttin wie etwa Demeter[45], dann
spüre ich: als reformiert großgewordene Frau stehe
ich vor geplünderten Schatzkammern, praktisch
allen Anschauungsmaterials beraubt, das meine
Seele für ihr inneres Spiel mit dem Heiligen brau-

chen könnte. Vom Urbild der weisen Alten ist nichts als das Zerrbild der bösen alten Hexe übriggeblieben. Die Göttinnen der griechischen Antike oder anderer Kulturkreise sind uns entweder wenig bekannt oder »heidnisch« und damit negativ gebrandmarkt. Von dem wenigen, das die Bibel an Frauengestalten und weiblichen Metaphern für die Gottheit zu bieten hat, hat mir die Kirche wenig bis nichts mitgeteilt, weil die Männer-Pfarrer nicht oder kaum über diese Frauengestalten predigen und die weibliche Gottessprache höchstens gelegentlich zitieren, aber sie kaum je zum Gegenstand bewußten Nachdenkens machen, geschweige denn in dieser Sprache beten. Im Unterschied zu katholischen Frauen, die wenigstens mit der Gottesmutter und weiblichen Heiligen aufgewachsen sind, klafft für mich zwischen »göttlich« und »weiblich« ein Abgrund, den kein Bild und kaum ein Wort überbrücken.

An dieser Stelle nun ein klares Nein zu all jenen Brüdern (vom theologischen Fach oder auch nicht), die uns Frauen mit wohlwollenden (aber oft recht paternalistisch eingefärbten) Worten vorhalten: Ihr mit euren Göttinnen – ihr macht ja bloß das Gleiche wie die Männer und ersetzt in einem geistlichen Kraftakt den überholten »Herrgott« durch eine modische und euch wohlgefällige »Fraugott« – und sonst bleibt, mit umgekehrten Vorzeichen, alles beim alten! Nein, Bruder: wenn wir »beyond God the Father«, *über Gottvater hinaus*, kommen wollen, müssen wir erst diesen Riß zwischen »göttlich« und »weiblich« heilen (ihr übrigens auch). Die Beschäftigung mit weiblich-numinosen Gestalten ist nicht das Ziel, das Ende, die neue Lösung, sondern ein Stück Weg, das mich/uns weiterführen wird – wohin, weiß ich auch nicht, aber ich kann es nur herausfinden, wenn/indem ich diesen Weg gehe. Es ist wie das Antreten einer Erbschaft, die mich überhaupt erst mit ganz neuen Möglichkeiten ausstattet und mir unabsehbare, nicht voraussehbare Entwicklungen eröffnet. Oder um an Hegels gute alte Dialektik zu erinnern: Niemand und keine Frau kann an einer Synthese arbeiten, ohne sich nach der These (männliche Gottesbilder) zuerst intensiv mit der Antithese (weibliche Gottesbilder) zu befassen.

◇

Zurück zum Abgrund zwischen »weiblich« und »göttlich«. Wie soll ich diese Kluft überwinden? Wie den Abgrund überschreiten? Habe ich überhaupt den Mut dazu? Die Furcht vor dem einen und eifersüchtigen Herrn hat in meiner Seele Tabu-Barrieren aufgerichtet: sicher brechen unvorhersehbare Katastrophen über mich herein, der Blitz könnte mich erschlagen, und in den Himmel komme ich sicher nicht, wenn ich mich von dem alleinigen, allgütigen, allmächtigen Vater abwende, der so bedrohlich scheint, auch wenn ich gar nicht mehr so recht an ihn glaube ... Um mich zu diesem Brückenschlag zu bewegen, brauchte es den Antrieb der Verzweiflung und eine Art Todesangst vor dem inneren Verdursten. Erst da wagte ich es, die Wurzeln hinunterzusenken ins Erdreich, durch die Schicht der Bücher

und Theologien und Philosophien hindurch, hinunter ins Reich der Träume und Bilder. Und da:
die abgetrennten Wurzeln strecken sich mir entgegen, und ich schließe mich wieder an und trinke,
trinke –

hingegeben an den atem
luft strömt ein in bauch und becken
steigt empor
in die runde schale des kopfes und
fährt hinaus aus aus aus aus
ein aus ein atem atem atem

Vor meinem inneren Auge steht Michelangelos
Bild von der Beseelung des Menschen: Gottvater
fliegt auf Adam zu, streckt ihm die Hand entgegen und beseelt ihn: der Funke springt von seinem Zeigefinger auf die Hand des Menschenman-
nes über – Atem, Seele, Hauch: »Er blies in seine
Nasenlöcher Hauch des Lebens, und der Mensch
wurde zum lebenden Wesen.«[46]

adam gottvater
ich eine frau
ich eine atmende frau
hauch des lebens
strömt durch meine nasenlöcher
ich frau bin lebendes atmendes wesen
mit bauch und brüsten
beseelt beatmet
schöpfungsakt geschieht an mir
an mir frau zwischen gottheit und mir

Sand im Getriebe. Tiefe Verstimmung. Was heißt hier zwischen Gottheit und mir? Zwischen Gottheit und Adam, zwischen Herrgott und Herrenmann! – Wie ich die Nase voll habe davon: von diesen Männerrollen, von diesen Manns-Bildern. Haut ab! Abtreten! Drehen wir die Sache doch einmal um! Wie sagte der Astronaut, als er gefragt wurde, ob er im Weltall den lieben Gott getroffen habe? Ja, sagte er, aber paßt auf: sie ist schwarz! Und prompt kehrt eine amerikanische Malerin die Szenerie von Michelangelo um: erwartungsvoll streckt Eva ihre Hand aus, während eine schwarze Gottmutter zu ihr niederschwebt. Das Poster ist gut. Die entsprechenden Geschenkkarten sind witzig. Ein gelungener Gag. Die Umkehrung macht stutzig, irritiert, bringt zum Schmunzeln und Nachdenken. Aber mehr nicht, nichts darüber hinaus. In der Tiefe bleibt der Hunger. Die Negativantwort ist noch keine positive Aussage; sie schafft höchstens den Boden dafür. Das Nein zum Alten ist noch kein Ja zu einem Neuen. Die Umkehrung macht allenfalls das »so nicht!« klar, aber sie sagt noch nichts aus über ein mögliches »so!«. Nur: was dann?

»Tanz«, meine Frau, »tanz« – ich atme

mein herz pocht wie wild
angst packt mich schwarze angst
vor mir leere weiße leere leinwand
erloschen das bild
erloschen das gegenbild

leere dunkel
ich stehe in einem tor
kein zutritt
no entrance for women
wie an jener synagoge in tel aviv
no entrance at all
neuland feuerland
heilig heilig heilig
gefahr hände weg
brennende wüste wenn du jetzt gehst
so ist das unwiderruflich ich warne
dich
es gibt kein zurück
nothing will ever be the same again
ich schreite über die schwelle
trans gredo

vor mir ein rosa wirbeln
eine frau in rosa schleiern
weite sprünge rasende umdrehungen
wilde pirouetten
sie fliegt durch den raum
prallt an wände schlägt auf
torkelt fällt stürzt zusammen
fällt das gesicht nach
unten liegt sie da
das ende grauen es ist
aus aus aus
aus
ein
aus ein aus
ein anfang wird
unbeschreiblich langsam

zieht die rosa gestalt auf dem
boden sich zusammen als sammle sie
ihre glieder eines nach dem andern
unerträglich langsam
zeitlupenbewegungen
behutsam richtet sie sich auf
hebt allmählich einen arm dann den
andern setzt einen fuß vor den
andern streckt sich reckt sich regt sich
greift in den raum
faßt hinein in die tiefe
schreitet aus in die weite
sacht ein rosa erwachen
tanz tanz meine frau tanz ich
atme atme atme
»mit lust tret ich an diesen tanz
ich hoff mir werd ein schöner kranz«
tanz meine frau tanz ich
atme

Mit Lust tret ich an diesen Tanz: Tanzlied aus
der Renaissance, Tanzlied der Wiedergeburt. To-
tentanz/Lebenstanz – beides in einem, zugleich.
Nach langer Krankheit, einer Lähmung durch
einen Schlaganfall, schreibt die amerikanische
Dichterin Muriel Rukeyser ein Tanzgedicht, ein
Lied auf ihre Wiedergeburt:

»Something again
is beginning to be born.
A dance is
dancing me.«

Etwas beginnt, wieder-geboren zu werden. Ein Tanz tanzt mich[47].

Und dann dieses Rosa. Eine Farbe, die mir bis vor kurzem noch ganz und gar unmöglich vorkam, süßlich, babyhaft, völlig daneben, ich verachtete sie: kraftlos. Jetzt male ich sie, trage sie: das Rosa hat sich meiner bemächtigt. Etwas verschämt frage ich meine Näh-Freundin: »Du, wie ist das eigentlich mit dem Rosa? Du beschäftigst dich doch mit der Farbenlehre von Johannes Itten: was bedeutet bei ihm das Rosa?« »Die göttliche Liebe«, sagt sie.

❖

»... und der Pflug muß graben bis hin zu den ›Müttern‹, den Matrizen aller Gestaltwerdung, deren Geltung in alles, großes und kleinstes, was zur Sprache kommt, hinreicht« (Eugen Rostenstock-Huessy[48]).

Auf der Reise zu unserer lieben Frau

Reims, Chartres, Brügge – wir nennen es Kunstreisen, aber es sind Wallfahrten zur Göttin. In Reims steht sie im Mittelpfeiler des Hauptportals – Señora, die Herrin, Domina, aufrecht und königlich, gekrönt und auf dem linken Arm das Kind, Mutter unser aller. Schönheit und Stärke, Anmut und Kraft. Es ist diese Verbindung, die mich so beeindruckt. Dann Brügge, die verzaubert im Spätmittelalter stehengebliebene Stadt in Flandern. Hier ist sie allgegenwärtig, onze lieve vrouw. Unsere liebe Frau – keine Straßenecke ohne ihr Bild, kaum ein Haus ohne eine Nische mit ihrer Gestalt und Blumen davor in weiß bemalten blechernen Kistchen: Ave Maria. Der Gott Brügges ist die Gottesmutter, die Gottmutter, die Muttergöttin. Das Kind im Arm, steht sie auf einem sich nach oben öffnenden Halbmond im Torbogen zum Hof der Familie Gruthuuse – und bewacht so Eingang und Ausgang zu diesem Prachtsitz eines Händlers, der an Bier und Grütze reich geworden ist. »Plus est en vous« – *mehr ist in dir, es steckt mehr in dir* – seine arrogant stolze, herausfordernde Devise. Sein Haus hat – im Unterschied zum Hof der Herzöge von Burgund – die Zeit überdauert. Unserer lieben Frau ist auch die Hauptkirche geweiht. Drin steht ein überaus liebliches Marmorbild von Michelangelo – la Madonna, onze lieve vrouw, die Ewigselbe, Immergleiche – von Florenz bis Brügge, von Ephesus bis Chartres, von Loreto bis Einsiedeln, von Mariastein bis Saragossa.

Lieblich, das ist das Schlüsselwort von Brügge, das Wort, das mir zufloß von »onze lieve vrouw« – lieblich, ein Wort, das mir bis dahin nur Achselzucken und Spott abgerungen hatte – lieblich! Ausgerechnet! Als hätten wir heute nicht ganz andere Sorgen und Aufgaben, als uns um das »Liebliche« zu kümmern! Und nun: lieblich! Ja, lieblich weht es mich an im baumbestandenen Beginenhof, lieblich ist's am kleinen Platz hinter dem Chor der Liebfrauenkirche, lieblich an der Gracht, wo sich Weiden und Frühlingsblüten dem Wasser zuneigen, lieblich die glänzende Mondsichel, lieblich das Lächeln unserer lieben Frau –.

pulchra ut luna – schön wie der Mond
electa ut sol – auserwählt/erhaben wie die Sonne
schala coelis – Leiter hinauf in den Himmel
aurora – Morgenröte

heißt es von Maria in der Vorhalle zur Wallfahrtskirche Madonna del Sasso: unsere liebe Frau vom Stein, vom Felsen, auf dem Berg hinter Locarno, goldgelb vor königlichem Blau: Morgenröte eines neuen Anfangs.

Die Liebliche und die Furchterregende

Sternennächte in der Abgeschiedenheit eines alten Landsitzes in der Toscana. Zu ebener Erde eine Kapelle mit Gräbern in der Villa di Monte, der Villa auf dem Berg, umstanden von einem Kranz dunkel duftender Zypressen, umgeben von Weinbergen und Olivenhainen. Ich träume. Träume von drei Frauengestalten: eine davon, jung und schön, sieht mich lange lieblich, freundlich lächelnd, doch ernst an – ganz langsam färbt sich ihr Gesicht blau, als ströme es voll mit Wasser, dann sinkt das Wasser wieder, fließt ab, und das Gesicht lächelt mich in menschlicher Fleischesfarbe an, um neu vollzuströmen mit Wasser und Blau. Mehrere Male geschieht dies, hintereinander, ohne daß sich das liebliche Lächeln verändert – obwohl fremd, ist das Bild tröstlich und schön.
Wenig später träume ich von einem Zauberer und seiner Frau, die in Florenz in einer Art Keller unter dem Wasserspiegel wohnen in einer Straße, die zum Ponte Vecchio, zur alten Brücke über

den Arno, führt. Dort werde ich zu einer Frau gebracht, die in einem langen Kleid vor einem Türrahmen steht. Ihr Gesicht ist dunkelbraun, hellt sich auf in ein gelblich-blondes Beige, verfinstert sich aber bald wieder in ein erdiges Braun. Nicht bloß die Farbe wechselt: auch der Gesichtsausdruck wandelt sich – das dunkle Antlitz erschreckt mit starren, leicht hämisch lächelnden Lippen, streng gezogenen Brauen mit pupillenlosen Mandelaugen drunter und einer festen, geraden Nase; das helle Gesicht ist weich, lieblich, freundlich, mit vollen Lippen, offenen Pupillenaugen, die mich gütig ansehen, einer sanft geschwungenen Nase mit Nasenflügeln, die sich atmend heben und senken: ein wohlwollender, anziehender Anblick.

Ich erinnere mich an Rudolf Ottos Definition des Heiligen: es macht uns vor Schrecken und Furcht/Ehrfurcht zittern (tremendum) und zieht uns gleichzeitig mit unwiderstehlicher Anmut und mit Liebreiz an (fascinosum). Als tremenda et fascinosa, Erschreckende und Liebliche, ist mir die Heilige im Traum erschienen, ein Bild der alles umfassenden Ganzheit: hell und dunkel, Tag und Nacht, Leben und Tod, Glück und Leid, Vertrauen und Furcht, Gut und Böse, Liebe und Haß, Sanftmut und Härte, verstehende Klarheit und ahnungsvolle Tiefe, guter Mut und Niedergeschlagenheit, Lust und Nicht-mehr-Mögen. Und im Traum spricht sie zu mir, die Frau: ich werde dich ein/weihen und führen, wie Don Juan Carlos Castañeda ein/geführt hat. Hab keine Angst.

❖

Diese Frauengestalten meiner Träume, die tremenda/fascinosa, onze lieve vrouw, la Madonna del Sasso: sind sie nun »Gott«? Entthront eine neue »Fraugott« den überlieferten »Herrgott«? Tritt sie an seine Stelle? Ersetzt sie ihn? Soll um sie herum eine neue Religion gebaut werden? Nein: das ist eigentlich nicht mein Bedürfnis, so ernst ich diese Offenbarungen nehme. Durch diese Erfahrungen hindurch erlebe ich vielmehr, wie sich mein Fragen und Suchen verwandelt: an die Stelle des alten Wunsches, Gott definieren zu können, zu wissen, abschließend und vollumfänglich und ein für allemal gültig, was und wer und wie Gott ist, tritt eine Ahnung von der gänzlichen Un-Beschreiblichkeit der Gottheit, von der unergründlichen Un-Erschließbarkeit des Grundes unseres Seins, von der unerschöpflichen Un-Faßbarkeit der Quelle unseres Lebens. Heilig heilig heilig . . .

Und dennoch: gleichzeitig empfinde ich diesen Bildern und Gestalten gegenüber eine nie zuvor erlebte Nähe und Unbefangenheit. Die Gottheit mag sich offenbar so offenbaren, zeigen, äußern, andeuten – und die Bilder, in denen/durch die hindurch sie das tut, erlebe ich als wahr, als gültig, auch wenn sie es nur für mich sind und auch mir vielleicht nur für eine Sternschnuppenstunde, nur für eine kurze Zeitspanne auf- und ein-leuchten: werdende/sterbende Ab-Bilder des Seins, die kommen und gehen, während das Sein bleibt von Ewigkeit zu Ewigkeit.

So wird mir »Flora«, blütengeschmückt und lorbeergekrönt, »Gottes Bild« in jenem Frühling 1979, der am Karfreitag mit ungeheurer Wucht aus- und durchbricht in der Region Basel. Auf einer Wanderung im Schwarzwald junges, frisches Grün, Sumpfdotterblumen und Rehe, die über die Felder fliehen, und Lerchenjubel um und um. Rembrandt hat Hendrickje Stoffels als »Flora« gemalt, wie sie mit der Hand ins weiße Gewand greift und segnend Blumen ausstreut. »Flora« wird mir eine wahre Epiphanie, eine Gottes-Erscheinung, ein Gottes-Aufblitzen in jenen Frühlingstagen und kündet mir, offenbart mir alle Wunder der Schöpfung, des neuen Wachstums, des Wieder-Auferstehens der Natur zu einem neuen Jahr, der Wieder-Geburt zu einem neuen Leben. Es ist, als hätte mir die Gottheit dieses Bild, diese »Flora« geschickt als eine Art Postkartengruß, als chiffrierte Botschaft: nimm und schau und lies und versteh. Ein Wink, ein Geschenk, eine Gnade – nicht machbar und auch nicht gemacht, nicht gewollt und auch nicht willkürlich produziert, sondern mir – in all meine Sehnsucht und Bereitschaft hinein – zu-gekommen. Zu mir gekommen. Aus dem Unverfügbaren heraus.

Ob nicht gerade das die ewige Liebesgeschichte ist zwischen der Seele und dem Urgrund des Seins, daß uns die Quelle immer wieder zuströmt in sich wandelnden Bildern und wir uns dem Heiligen immer wieder nähern, indem wir die Bilder fassen, die in uns aufsteigen? Wie Liebende, die immer wieder nacheinander greifen.

»Der Unterschied von ›bloß subjektiv‹ und objektiv vorhanden zieht nicht. Hier sowenig wie sonst. Es gibt nichts bloß Subjektives. Auch Irrtümer nicht, auch Träume nicht. Denken Sie doch an Freud! Alles Subjektive hat Beziehungen zu etwas Objektivem. Es kann keine geglaubten Götter geben ohne Gottes Willen ... Der entscheidende Unterschied geht nicht zwischen subjektiv-objektiv, sondern zwischen dem Schöpfer und dem Geschaffenen. Die falschen Götter sind geschaffen«, schreibt Franz Rosenzweig 1926 an Ernst Simon[49].

Das Demeterlein zieht bei mir ein

Es ist Sommer. Die Toscana glüht in all ihren Farben – Strohgold der Felder, Ocker und Ochsenblut der Häuser und Palazzi, verwaschen rosa, weiß und moosgrün der Marmor, staubig silbern die Oliven und in hohem Dunkel die Zypressen. In einer abschüssigen Allee der Boboli-Gärten von Florenz, fast verborgen, eine Statue, die allegorisch »l'Estate«, den Sommer, darstellt, den Arm voll Ähren. Eine andere Frau Sommer entdecke ich am Ponte della Sante Trinità, der Brücke der Heiligen Dreieinigkeit. Überhaupt nichts hat er mit der Dreifaltigkeit zu tun, dieser Ponte, und alles mit der Vierzahl der Jahreszeiten: am einen Brückenkopf Frühling und Sommer in weiblicher, am andern Herbst und Winter in männlicher Gestalt: il ponte della Santissima Quaternità, die Brücke der hochheiligen Vierzahl! An einer Touristenbude voller Souvenirs entdecke ich meine »Estate«, meine Sommer-Statue, auf fünfundzwanzig Zentimeter geschrumpft, nachgebildet in polvere di marmo – Marmorstaub –, den linken Arm voll Korn, in der rechten Hand die Sichel und das Haupt gekrönt mit Ähren und Äpfeln. Sie, diese einzige in Florenz, zwischen unzähligen Kopien des David in allen Größen und Preislagen, zwischen zahllosen Dante-Büsten, zwischen Perseus, dem Raub der Sabinerinnen und jenem wenig zimperlichen Zweikampf, in dem einer der Heroen den andern in seiner Not bei den Geschlechtsteilen packt – die Amerikaner seien besonders drauf versessen, meint die Frau am Kiosk. Zwischen all diesen Figuren: meine Allegorie des Sommers, meine »Estate«, meine kleine Demeter. Ich finde sie – oder: findet sie mich?

Zunächst trage ich das Demeterlein hinauf in die Villa auf dem Berg. Und dann über die Berge nach Norden. An den Rhein. In mein Zimmer. Stelle sie auf den Fenstersims. Und nehme eines Tages wortlos das Kruzifix aus dem Sterbezimmer meiner Mutter von der Wand. Werde gewahr, daß ich nicht nur die Frau Sommer vom Ponte della Santissima Quaternità mit nach Hause gebracht habe, sondern Einzug hat bei mir die Große Göttin gehalten, die Große Mutter, der Schoß aller Dinge. Mit dem Demeterlein, polvere di marmo, hat sich ein Gottesbild von urtümlicher Wucht, ein Archetyp, meiner Wohnung bemächtigt. Sie hat sich mir offenbart, jene, von der es im apokryphen Thomas-Evangelium heißt: »ma mère m'a engendré(e), mais ma Véritable Mère m'a donné la vie« – *meine leibliche Mutter hat mich wohl geboren, aber meine Wahre Mutter hat mir das Leben geschenkt.* Ich muß lächeln über ihre Verführungskünste und erkenne hinter dem Demeterlein die Ursprüngliche, »die da war, als nichts war, und welche schuf, was da ist, nachdem sie geworden war«[50]. Ewige Mutter! Sei gepriesen! Sei gelobt!

❖

»... und eine Schrift hat mich gefunden, als ich für mich selbst unauffindbar war. Mehr als eine Schrift, die große Schrift, die Schrift von einst, die irdische, pflanzliche Schrift aus der Zeit, als die Erde noch die souveräne Mutter war, die Gute Geliebte Herrin, und als wir noch in ihren Gegenden in die Schule des Wachstums gingen« (Hélène Cixous[51]).

❖

Von seinem Fenstersims aus hat das Demeterlein mein Denken und Wahrnehmen tief beeinflußt und am Umbruch meines Weltbildes mitgewirkt. Sein Anblick hat mich hell-hörig und hell-sichtig gemacht für alles, was mit dem »Grund des Seins« zu tun hat. In einer Untergruppe der »Arbeitsgruppe Feministische Theologie« haben wir uns über ein Jahr lang durch Mary Dalys »Beyond God the Father« – *Über Gottvater hinaus* – hindurchgearbeitet. Ihr zentraler Begriff von der »power of being« wurde mir bald zur einsichtigsten Gottes-Formel: die Gottheit als Seins-mächtigkeit, als Macht und Kraft des Seins und Werdens. Ja, so offen und weit, so sächlich und neutral ließ sich die Gottheit skizzieren/umrei-ßen. Diesem dynamisch lebendigen Prinzip war es auch zuzutrauen, daß es sich immer wieder zeigen, offenbaren, aus-wirken würde, daß es im-mer neu durch-scheinen würde durch Menschen, Gestalten und Sternschnuppenaugenblicke hin-durch. Die Gottheit als nicht mehr menschenför-mig/anthropomorph vorgestellte »Seinsmächtig-keit«, die sich für ihre Offenbarungen und Ausflüsse/Emanationen die Gestalt von Frauen oder Männern aneignen/umlegen kann[52]. Seins-mächtigkeit, power of being, die sich mir offen-bart in onze lieve vrouw, in Flora, in Demeter.

Den Schoß aller Dinge verehren

Lange Zeit war ich sehr zufrieden mit dieser Chiffre. Doch allmählich fiel mir auf, daß sich ihre Sächlichkeit nur halten ließ, solange ich im Begrifflichen blieb: dann war »der Grund aller Dinge« eine mit keiner menschlichen Gestalt ver-bundene, symbolhafte Gottesmetapher. Sobald ich mir den Begriff aber bildlich vorstellte, färbte sich die Symbolik weiblich ein. »Grund aller Dinge« – Boden, Mutterboden, Matrix, Mater, Mutter Erde, Erde, Acker, Fruchtbarkeit. »Quelle des Lebens« – wo sind Quellen nicht von Nym-phen, nicht von weiblichen Geistern bewohnt und behütet? Dreifaltige Göttin von Quelle, Strom und Mündung, Herrin von Geburt, Leben und

Tod. In Nazareth stehe ich vor einem murmeln-
den Quell: es ist »Mary's Well«, der legendäre
Ort der Verkündigung. Hinter Ascona finde ich
im Wald la Madonna della Fontana, die Madonna
der Quelle, des Brunnens – ein kleines Heiligtum
mit einer Art Wallfahrtskloster dahinter. Und wo
in Nazareth ein Eimer steht, mit dem Segenswas-
ser aus der Tiefe gezogen werden kann, liegen in
Ascona Becher und Schöpfkelle bereit, mit denen
Gläubige das befruchtende, heilende, heiligende
Naß fassen können. In Chartres entdeckte man
erst in unserem Jahrhundert den Ziehbrunnen, le
puits, der wohl schon immer das Zentrum dieses
einer Göttin geweihten Heiligtums gewesen ist.

Und wie steht es um den »Schoß aller Dinge«?
Geht es eigentlich noch deutlicher? Die ovalen
und runden Öffnungen – Vagina, Vulva, die Mandorlen, die in der christlichen Kunst Gottes- und
Heiligenbilder umgeben noch und noch? Da gibt
es eine keltische Koboldin, die uns krud und kraß
ihr überdimensioniertes Geschlechtsteil hinhält,
es übergroß zur Schau stellt[53], während wir Prü-
den uns abwenden von der unmißverständlichen
Erotik in der chinesischen Kunst oder im indi-
schen Tantra, wo der weibliche Schoß scham-los
verehrt wird: »Icon of the Divine Vulva, stained
with the coloured powders used to worship it«,
*Ikone der Göttlichen Vulva, mit Resten der farbigen
Puder, die zu ihrer Verehrung verwendet werden* –
ist in einer Bildlegende in einem Buch über Tantra
zu lesen[54]. Im Rahmen einer feministischen Kunst-
Diskussion haben amerikanische Malerinnen wie
Miriam Schapiro die negativen Bedeutungen/As-

soziationen, die wir mit »Loch« verbinden, in Frage gestellt[55]. Wir brauchen eine neue Kunst des »Loches«, des Schoßes, der kreisrunden Öffnung, die den Mann umgibt[56] und Leben gebiert. Wir wollen/müssen ein Symbol wieder beleben, das in unserer linearen, rechtwinkligen und phallisch himmelstürmenden Kultur herabgewürdigt, verachtet und vernachlässigt worden ist. Die Bogen und Pforten der Romanik und Gotik, die tiefen ovalen Tore und die runden Rosetten mittelalterlicher Mariendome, die beinahe runden Achteckbauten von Ottmarsheim, Pisa, Parma, Florenz, die Battisteri/Taufkapellen mit ihren Gebärmutterkuppeln – waren/sind sie nicht »Loch-Kunst«, die den Schoß als ein Weibliches ver-ehrt? Eine Schöpfungsvision von Hildegard von Bingen trägt Vulvenform und läßt uns tief hineinblicken ins innerste Innere, bis hin zum Muttermund des uranfänglichen Beginns[57].

❖

Fruchtbarer Schoß, gebärender Schoß: »Es gibt nichts, das keine Mutter hätte.« Mit diesem Fanfarensatz beginnt das Buch »Weiblich – weit wie der Himmel« von Miriam und José Arguëlles[58]. Wir Frauen aus dem Basler »Lesezirkel«, die zusammen »beyond God the Father« gereist sind, nehmen dieses Buch als nächstes in Angriff. »Es gibt nichts, das keine Mutter hätte«, so trompetet es hinein in eine Konfession, die nur den »Gottvater« kennt, und in eine andere, die zwar – wenigstens – die »Gottesmutter« verehrt, aber ihr beileibe nicht den Rang einer »Gottmutter« einräumt.

Wir diskutieren, wir sträuben uns, aber wir anerkennen: ja natürlich, so banal es ist: es gibt nichts, das keine Mutter hat, wir alle, alle Menschen, alle Tiere, alle Geschöpfe: alle haben wir eine Mutter. Ich, du, wir. Alles, was aus zweigeschlechtlicher Fortpflanzung hervorgeht, kommt aus dem Leib einer Mutter. Zwar hat es auch einen Vater, aber: pater semper incertus, der Vater ist immer ungewiß. Ganz gewiß hingegen ist die Mutter: mater semper certa, denn aus ihr, aus ihrem Leib, aus ihrem Loch kommt das neue Leben hervor. Geboren aus dem Schoß der Mutter. Magna Mater. Sie ist das frucht-bare, frucht-tragende, frucht-hervorbringende Prinzip. In einem Gespräch mit Rainer Maria Rilke über »Gott« sagt die Malerin Paula Modersohn-Becker: »Mir ist Gott überhaupt ›sie‹, die Natur – die ›Bringende‹, die das Leben hat und schenkt.«[59] Und Jahre später dichtet Rilke in seinen »Sonetten an Orpheus« in der Bild-Sprache seiner malenden Freundin: »die Erde schenkt«[60].

❖

Ja, die Erde schenkt. Und wo immer Leben geschenkt wird, haben wir weibliche Metaphern vor uns. In allen Vor- und Frühformen der Entwicklungsgeschichte des Lebens: fruchtbare Frauen bringen das Leben hervor. Aus sich selber bringt der fruchtbare Mutterboden immer wieder und immer neu neues Leben hervor. Jungfräulich. Virgo et Mater. Jungfräuliche Mutter. Lange herrscht im Bewußtsein der Menschen die Vorstellung, daß Leben spontan aus den jungfräulichen Frauen hervorgeht, daß Frauen – fruchtbar, wie die Natur um sie herum – neues Leben parthenogenetisch aus sich selber hervorbringen, sich füllend und leerend, wie der Mond zunimmt und voll ist und wieder abnimmt und drei Tage verborgen bleibt und dann wiederkehrt. Damals wurde der Zusammenhang zwischen geschlechtlicher Vereinigung und Schwangerschaft noch nicht durchschaut, und von der Befruchtung, der Vereinigung von Ei- und Samenzelle als dem eigentlichen, dem neues Leben er-schaffenden Akt wußten die Menschen noch nichts. Sichtbar und verständlich war nur: die Menschen stammen aus der Mutter und von der Mutter ab. Die Verwandtschaftssysteme waren deshalb matri-linear organisiert, und die Wohnsitze richteten sich nach dem matri-lokalen Prinzip[61]. Letztlich gab es nur Mütter und deren Kinder. Die Frau war eine große Mutter, und die Große Mutter war die Göttin der Menschen. Wie auf Erden so im Himmel.

Vatergötter gibt es erst, seit die Menschen begreifen, daß der Mann an der Entstehung neuen Lebens beteiligt ist. Allerdings: das Ausmaß, die Bedeutung des männlichen Anteils wurde noch nicht richtig verstanden. Wurde vorher (zu Unrecht) das ganze Verdienst der Frau zugesprochen, so nahm nun plötzlich der Mann als Zeugender die ganze Ehre für sich in Anspruch. Da das Ei der Frau erst von den Anatomen des 17. Jahrhunderts entdeckt wurde, konnte diese männliche Neu-Interpretation des Fortpflanzungsgeschehens lange nicht korrigiert werden. Es ist etwas ziemlich Neues, daß wir Menschen in einem naturwissenschaftlich exakten Sinn wissen, was bei der Befruchtung wirklich vor sich geht. Thomas von Aquin hat die Zeugungslehre des Aristoteles übernommen, so daß dieser Ideologe des antiken Patriarchats das Denken im christlichen Kulturraum nachhaltig beeinflussen konnte. Aristoteles stellt sich die Zeugung so vor, daß der Mann der Frau mit seinem Samen ein von seiner Anlage her fertiges Kind einpflanzt: er gibt ihr, er »macht« ihr ein Kind, wie es im Volksmund noch heute heißt. Die Frau trägt dieses Samen-Kind bloß noch passiv in sich aus, nährt es in ihrem Brutkasten wie in einem Acker mit ihrem Material, ihrer Materie, und läßt es aus sich heraus, wenn es groß genug ist. Sie ist es, die das Kind des Mannes intra- und extra-uterin großzieht. Zeugung ist nun (fast) alles, Schwangerschaft und Geburt sind nun (fast) nichts mehr – auf jeden Fall unwichtig geworden, sekundär, minderwertig. Ein pikantes Detail bei Aristoteles: Ist der Same des Mannes frisch und kommt voll zur Geltung und Entfaltung, so wird ein Sohn geboren, ein ungeschmälertes Abbild seines Erzeugers! Ist der Same nicht mehr so frisch und irgendwie schon ein bißchen verdorben, so entsteht ein Mädchen – ein »abverheiter«, ein mißglückter, ein verfehlter Mann: »mas occasionatus«. So tief sind wir also gefallen: das erste Geschlecht ist damit eindeutig zum zweiten geworden[62]!

Verwandtschaft besteht nun nicht mehr zwischen Mutter und Kind, sondern zwischen dem Erzeuger-Vater und seinen Kindern. Männer erlassen das Gebot der ehelichen Treue (für die

Frau) und strenge Ehegesetze, damit »ihre« Frau auch die »ihre« bleibt und ja nicht Behälter für fremden Samen wird! Das Verwandtschaftssystem wird patri-linear; die patriarchalen Sippen wohnen patri-lokal. Das Vaterrecht setzt sich auf der ganzen Linie durch. Orestes darf ungestraft seine Mutter Klytemnästra töten, die seinen (ehebrechenden) Vater erschlagen hat; denn geheiligt ist nun das Band zwischen Vater und Sohn und nicht mehr die Bindung zwischen Mutter und Kind. Das verkündet Apoll, der die Eumeniden, die Anwältinnen und Rachegeister der Muttergöttin, des »Alten Rechts«, entmachtet. Vaterrecht auch im Himmel: der Vatergott stürzt die Muttergöttin, die Magna Mater wird zur bloßen Fruchtbarkeitsgöttin herabgemindert. Als Zeichen ihrer Entthronung bekommen nun auch männliche Götter Kinder: Zeus bringt Athene aus seinem Kopf hervor und trägt Dionysos in seinem Schenkel aus. Götter machen nun selber und allein den Menschen: Jahwe seinen Adam und aus dessen Rippe, nach ihm, aus ihm und für ihn: Eva – Eva, die »Mutter der Lebenden«, deren Name jedoch ihre ursprüngliche Macht und Würde weiterträgt und verrät. Ihr Name tut den Umsturz, den Ab-Fall kund: Vaterreligion ist Rebellion, Reaktion, Über-Reaktion im Zeichen der Errichtung einer neuen, einer männlichen Herrschaft, Ausdruck der Etablierung einer neuen Macht im Himmel wie auf Erden. Nicht zufrieden, seine Teilhaberschaft am Fortpflanzungsgeschehen zu entdecken, macht sich der Mann zum alleinigen Schöpfer und Urheber des Lebens[63].

XX heißt: das Ur-Prinzip ist weiblich

»Beim Nennen deines Namens
vergehen Himmel und Erde,
Die Götter beugen sich,
es erstarren die Götter der Tiefe.
Deinen furchtbaren Namen
erheben die Menschen:
Du bist groß, bist erhaben!
Alle Schwarzköpfigen,
die wimmelnden Menschen,
preisen deine Stärke;
Das Recht der Menschen richtest du
in Gerechtigkeit und Wahrheit,
du schaust den Unterdrückten
und Niedergeschlagenen an,
leitest ihn richtig, Tag für Tag.
Wie lange säumst du noch, Herrin,
deren Füße nicht ermatten,
deren Knie dahineilen?
Wie lange säumst du noch,
Herrin der Schlacht und aller Kämpfe?
Du Herrlichste,
Löwin der himmlischen Geister,
die niederbeugte die erzürnten Götter,
du stärkste aller Herrscher,
die Könige am Zügel führt,
die da öffnet den verschlossenen Leib
aller Frauen:
Erhaben und fest gegründet bist du,
starke Istar, groß ist deine Kraft!
Du leuchtende Fackel von Himmel und Erde,
du Glanz aller Lande.«

Dieser Hymnus erinnert an die Sprache der Psalmen, aber das Lied richtet sich an die Vorgängerin des »Herrn«: angerufen wird Istar/Astarte, die alte »Herrin«, die der neue »Herr« entmachtet/gestürzt hat, deren liturgische Sprache er sich jedoch angeeignet, deren Lobpreis er auf sich ab/gelenkt hat[64]. Da ist etwas ver-kehrt, ver-dreht, um-gedreht worden – in unserer Religion, in unserer Kultur. Diese Ver-Kehrtheit drückt sich auch darin aus, daß wir in einer Welt, in die wir alle von einer Mutter geboren sind, noch und noch den Vater preisen – und nur ihn (ich rede wieder aus meiner reformierten Erfahrung). In einem Leben, wo sich alle unsere Urerfahrungen – und das gilt für Frauen wie für Männer – auf die Mutter beziehen, bietet uns das religiöse System, das uns Antwort geben will auf die tiefsten Fragen nach »woher« und »wohin«, keine Mutter und keine Frauengestalten an: da kann doch einfach etwas nicht stimmen!

Wie wenig »das« stimmt, ist mir durch die Begegnung mit der modernen Genetik bewußt geworden. Sie liefert uns heute Fakten, die unser Alltagsbewußtsein noch nicht aufgenommen hat, obwohl sie seit einiger Zeit vorliegen. Noch viel weniger sind sie in die symbolisch-mythische Sprache unserer Glaubenswelten übersetzt worden. Die genetische Forschung zeigt uns die Frau als Urgeschlecht, als das ursprüngliche Geschlecht: mit ihrem Chromosomenpaar XX ist die Frau biologisch das Grundprogramm des Menschen, das Modell, der Prototyp. XX heißt in der Sprache der Genetik: basic femininity, grund-legende

Weiblichkeit. Und umgekehrt: femininity is basic, das Weibliche ist das Grund-Legende. Der Mann mit seinem Chromosomensatz XY ist eine Abweichung vom Grundprogramm, eine Differenzierung im Interesse vielfältigerer, reichhaltigerer Fortpflanzungsmöglichkeiten: erschaffen als Befruchter, als Besamer. Deutlich wird diese Funktion im Tierreich, wo das Weibchen den Befruchter oft tötet und verzehrt, wenn er seine Funktion erfüllt hat. Erweist sich von daher die Reduktion der Frau auf ihre reproduktive Rolle, die der Mann zum Kern des Frauenbilds seiner patriarchalischen Ideologie gemacht hat, nicht als gigantische Projektion?

In den ersten Wochen ihrer Existenz sind alle Föten weiblich: sie entwickeln sich nach dem weiblichen Grundprogramm. Erst nach einer bestimmten Frist beginnt das Y beim genetisch männlichen Embryo eine vom Grundprogramm abweichende Entwicklung in Gang zu setzen. Während sich das XX-Kind dem Grundprogramm gemäß »normal« entwickelt, muß das männliche Y immer wieder um eine erfolgreiche Abweichung von der zugrundeliegenden Matrix kämpfen. Kann sich das Y aus irgendeinem Grund nicht durchsetzen, so läuft einfach das weibliche Grundprogramm ab: das genetisch auf einen Mann angelegte Individuum (XY) wird einfach eine (wenn auch unfruchtbare) Frau. Es gibt auch Individuen mit nur einem X, aber kein einziges Lebewesen mit nur einem Y: ohne das zugrundeliegende weibliche Grundprogramm, ohne mindestens ein X, gibt es kein menschliches Leben:

basic femininity. Männlichkeit (XY) ist ein dem Weiblichen (XX) überlagertes Abweichungs- und Ergänzungsprogramm[65].

Männliches ist Sohn, ist Kind der Großen Mutter. Aus ihr hervorgegangen. Wie Jesus aus der jungfräulichen Mutter Maria. Wie Osiris aus Isis. Wie Horus aus Hathor. Wie Uranus aus Gäa. Basic femininity. Jungfräulich bringt die Göttin der Urzeit einen Sohn aus ihrer eigenen ungeschiedenen Lebensfülle hervor. Als Sohn kommt das männliche Prinzip aus dem weiblichen Ur-Prinzip hervor, als Sohn entsteigt es dem mütterlichen Urgrund. Später macht die Mutter den erwachsenen Sohn zum Geliebten, zum Mann, zum Gatten, zum auserwählten König, mit dem sie die weiteren Götter und Göttinnen, die Menschen und andere Geschöpfe erschafft. Anstelle des Sohnes kann dieser Geliebte auch ein jugendlicher Heros sein, den sich die Göttin aussucht: Kybele den Attis, Anat/Astarte den Baal, ihren Bruder, Inanna den Dumuzi, Istar den Tammuz, Aphrodite den Adonis[66]. Der naturwissenschaftlichen Richtigkeit von der basic femininity entspricht als symbolisch/mythologische Wahrheit das Bild der Großen Mutter mit ihrem Sohn oder die Geschichte der Göttin mit ihrem Heros. Basic femininity heißt: weiblich ist die schöpferische Urkraft. Der Schöpfer ist eine Schöpferin. Es gibt nichts, das keine Mutter hätte. Am Anfang steht die Göttin des uranfänglichen Beginns: sie ist der Ursprung allen Seins, die Mutter aller Dinge.

Gelobt sei
»die große Göttin, die Mutter aller Götter,
... die Herrin des Himmels,
die Herrin aller Götter,
die im Anfange ins Sein trat«[67].

Der Katholizismus hat die Große Mutter Gäa,
Isis, Demeter, Diana, Istar, Inanna (und wie sie
alle heißen) mit der Gestalt der Maria verschmol-
zen. Ein Konzil hat die biblische Maria im Jahr
431 in Ephesus, dem alten Sitz der Großen Diana,
mit dem Mantel der »Theotokos«, der »Gottesge-
bärerin«, bekleidet: damit nahm Maria alle Bilder,
Feste und Attribute ihrer Vorgängerinnen in sich
auf und wurde die wahre Nachfolgerin der Magna
Mater, die neue Virgo et Mater. Rosen und Lilien,
Ähren und kugelrunde Granatäpfel, Tauben und
Hasen, Mond und Sterne, Silber und Kelche,
Szepter und die Krone auf dem langen offenen
Haar, Thron und göttliches Kind: alles ist da! Die
göttliche Frau ist wieder auferstanden! Wohl hat
sich die katholische Kirche redlich und scharfsin-
nig darum bemüht, die Himmelskönigin ihres
Ranges als Göttin zu entkleiden: sie gilt, auch
nach ihrer Aufnahme in den Himmel (Dogma
von 1951), bloß als Mittlerin zwischen den Menschen und ihrem göttlichen Sohn, sie ist bloß
Gefäß des Göttlichen, aber nicht selber Gott. Das
zweite Bestreben ging dahin, die das Geschlechtli-
che sowohl symbolisierende wie gleichzeitig über-
höhende »Mutter aller Dinge« zu entsexualisie-
ren, ihre ursprüngliche Jungfräulichkeit, die ein
Nicht-vom-Mann-Abhängigsein bedeutete, in

a-sexuelle Reinheit, in ein Über-alles-Fleischliche-Erhabensein umzudeuten[68]. Um beides wird sich die Volksfrömmigkeit, die sich der Gottesmutter/Muttergöttin seit 431 durch alle Zeiten und in allen Erdteilen intensiv zugewendet hat, kaum gekümmert haben: sie schaute getröstet das Urbild des fruchtbaren Schoßes und ließ sich daran genügen[69].

Auf einer alten Schreibmaschine getippt, in einen Plastikumschlag geschoben, hängt am Gitter vor der Grotte der Madonna della Fontana hinter Ascona ein kleines Gebet:

> preghiera alla Beata Vergine della Fontana sotto il titolo di Madonna del Aiuto: sotto il tuo manto ci rifughiamo, Santa Madre di Dio: non disprezza le nostre preghiere nel bisogno, ma liberaci sempre da tutti i pericoli, vergine gloriosa e benedetta, nostra Signora, nostra Mediatrice, nostro Aiuto!
>
> *Gebet an die gesegnete Jungfrau der Quelle unter ihrem Ehrentitel Madonna der Hilfe. Unter deinen Mantel flüchten wir uns, heilige Muttergottes: verachte unsere Gebete nicht, mit denen wir in der Not vor dich kommen, sondern befreie uns immerzu von allen Gefahren, glorreiche und gebenedeite Jungfrau, unsere Herrin, unsere Mittlerin, unsere Hilfe.*

Die Religion der Köpfe und Hirne hat vergessen und verdrängt, aber der Glaube der empfindenden Herzen und der bildhaften Seelen – der schauenden/bildenden Künstler wie der geistlich Armen – hat immer um die Wahrheit der basic femininity, der zugrundeliegenden, der den Grund legenden Weiblichkeit gewußt. Grund aller Dinge! Urgrund des Seins! Heute entlarven Genetik und Religionswissenschaft, Kunst sowie Volks- und Völkerkunde den Schöpfergott und Gottvater als einen Usurpator aus dem Reich männlicher Allmachtsphantasien!

Wenn der Sohn die Große Mutter krönt

Bei der Suche nach Bildern für den weiblichen Schoß aller Dinge hat mich ein Motiv zunehmend fasziniert: die Krönung Mariens – auch ein protestantisches Nicht-Vorkommnis. Zu meinem Vergnügen habe ich allerdings im reformierten Basler Münster – einem alten Mariendom – zwei solcher Darstellungen entdeckt: eine hoch oben am Schlußstein des Chorgewölbes und eine zweite oben in einem Bogen des Nordseitenschiffs. Jesus, der Sohn, krönt die Mutter, hebt sie zu sich empor. Christus, der Vollendete, zieht die Mutter zu sich hinauf, und indem er sie krönt, würdigt er sie als Mutter, erweist er ihr die Ehre – wie wenn der Sohn, erinnernd, seine Sohnschaft besiegeln wollte. Mutter und Sohn, gleichen Ranges, neben- und miteinander auf demselben Thron. Es liegt sehr viel Würde, Anerkennung und Ehrerbietung in solchen Darstellungen. Und was für eine Art Ehrung wird da eigentlich dargebracht, wenn Gottvater und Sohn, selber mit Herzogskronen geschmückt, Maria die Kaiserkrone aufs Haupt setzen – wie das im Freiburger Marienmünster auf einem Gemälde von Hans Baldung Grien zu sehen ist[70]? Ob da nicht die geschichtlich viel jüngeren, männlichen Götter eingestehen, daß sie um die viel ältere und tiefere/höhere Macht der auch ihnen zugrundeliegenden Weiblichkeit wissen und sich ihr, sie anerkennend, unterordnen, sich demütig dieser Wahrheit ein/fügen?

Und noch etwas anderes dämmert mir: im Ab-Bild des erwachsenen Jesus, der seine Mutter krönt, ahne ich das Ur-Bild der Großen Göttin, die ihren Sohn zum Geliebten und Mann macht. So nebeneinander, auf demselben Thron, gleichen Ranges, sind die beiden nicht mehr nur Mutter und Sohn, sondern auch Frau und Mann. Heilige Hochzeit. Vereinigung der Gegensätze. Das göttliche Paar. Die Gottheit, die beide Geschlechter sowohl umfaßt wie übersteigt. Die weiblich-männliche Gottheit, die in der Frau wie im Mann ihr Ab-Bild findet. Im Camposanto, im Friedhof von Pisa, hat Andrea Orcagna ein Jüngstes Gericht gemalt. In die Mitte hat er zwei Mandorlen gesetzt, gleich groß und auf gleicher Höhe. In der einen thront Christus, in der andern die jungfräuliche Mutter, beide in rosa Gewänder gehüllt: das Heilige Paar[71].

⬦

Krönung Mariens. Sternenübersäte Himmelskönigin auf dem Halbmond. Zur selben Zeit träume ich davon, daß die Einsetzung der Königin bevorsteht. Im Traum weiß ich, daß ich in Brügge bin. Ich trage ein Kind vor mir her, dem ich das zeigen will. Ich halte es von mir ab- und der Welt zugewendet. Aber es ist noch nicht so-

weit. Viele Menschen sind da, ebenso erwartungsvoll wie ich – aber wir müssen alle warten. Zur
Unterhaltung und zum Vergnügen wird auf einem langen grünen Rasenstück eine Hasenjagd
abgehalten. Die Hasen rennen von rechts nach
links. Von beiden Seiten wird auf sie geschossen,
aber kein einziger Jäger trifft. Es ist sehr belusti-
gend, dieses Hasenrennen. Aber zur Einsetzung
der Königin kommt es noch nicht.

In unserer Lesegruppe, die das Buch »Weiblich
– weit wie der Himmel« durcharbeitet, kommt es
zu unerwartet heftigen Auseinandersetzungen
über die Göttin, das Weibliche, das Mütterliche,
das Gottesbild vom Schoß aller Dinge. Sind das
die Zweifel, die gegen die Königin vorgebracht
werden, die Bedenken, die ihrer Inthronisation
(noch) im Wege stehen? Da ist die instinktive
und wohl nicht unberechtigte Angst, daß wir
Frauen über das Bild der Großen Mutter einmal
mehr, bloß in neuer Verkleidung, auf die alte
Frauenrolle eingeengt werden und schlimmsten-
falls unser Gefängnis noch selber zumauern.
Große Mutter, Fruchtbarkeit, Mütterlichkeit,
Wärme und Nähe, Nähren und geduldig Großzie-
hen, Natur, Körper, Sinne, Geschlecht – und das
alles numinos hochstilisiert: können wir da nicht
gleich bei der alten Festlegung auf Kinder, Küche,
Haushalt, Mann, Privatheit, Gefühle, Erziehung
und Soziales bleiben? Sollen wir nach wie vor an
Geist und Intellekt, an Wissenschaft und Kunst,
Technik und Wirtschaft, Gesellschaft, Politik und
Öffentlichkeit keinen Anteil haben? Geht es wei-
ter wie gehabt: dem Mann die Welt, das Draußen,

die Produktion; der Frau das Heim, das Drinnen, die Reproduktion? Dagegen wehrt sich nicht nur, aus Erfahrung, eine Hausfrau mit großer Familie und einem weitgehend brachliegenden Hochschulstudium, sondern auch, gleichsam in vorsorglicher Abwehr, eine ehe- und kinderlose Berufsfrau: eine »Große Mutter« als Superfrau, Supermom, Nichts-als-fruchtbare-Erde-und-Große-Gebärerin, reduziert auf Empfänglichkeit, Passivität – nein, o nein, nie wieder!

Ich teile diese Angst nicht. Mir ist es ein Anliegen, zurückzufinden zur Großen Mutter, zum Schoß aller Dinge. Warum denn soll uns das Bild vom Mutterschoß, die Vorstellung von der Göttin als dem Grund aller Dinge, auf die alte Frauenrolle fixieren, auf biologistische Vorstellungen von Fruchtbarkeit? Warum denn soll uns bei diesem Bild von Fruchtbarkeit und Mütterlichkeit die geistige Potenz abhanden kommen oder abgesprochen werden? Denn Miriam und José Arguëlles reden gleichzeitig von der »Intelligenz des Weiblichen«[72]. Sie verstehen die Intelligenz als Ausdruck des Weiblichen, preisen sie als Eigenschaft des ungeborenen, weiblichen Raumes. Mir leuchtet das ein, ja es gefällt mir ausgesprochen, auch wenn es mich entfernt von den Jungschen Vorstellungen, wonach Geist, Intelligenz, Wille, Durchsetzungskraft als männliche Eigenschaften zu verstehen sind, an denen wir Frauen allerdings mit unserem Animus, mit unserer männlichen Seite, Anteil haben. Ist es nicht sinnvoller, Intelligenz als genuin weibliche Eigenschaft aufzufassen? Könnte mit der »Intelligenz des Weiblichen«

nicht eine weiblichere Art von Geistigkeit gemeint sein als die einseitige Kopflastigkeit, die wir
in unserer Zivilisation so beklagen? Und geht aus
dem Schoß aller Dinge nicht »alles« hervor: mate-
rielles wie immaterielles Leben, leibliche Existenz
wie geistige und seelische Lebendigkeit? – Ich
erinnere mich an einen Ausspruch von Pat, die –
bevor sie Theologin wurde -Naturwissenschaf-
ten studiert hat. Einmal schimpfte sie beinahe
wütend im Auto los: »Hast du es schon je mit
einem ›Geist‹ ohne Leib zu tun gehabt? Ist dir das
schon je vorgekommen? – Nein. Mir auch nicht.
Okay. Es ist krankhaft und verrückt, diese Dinge
so auseinanderzureißen. Und es ist falsch. Beides
ist sich viel näher, als wir meinen und zugeben;
beides geht ineinander über – so ist es, und das
nimmt dem Geistigen überhaupt nichts von seiner Bedeutung und Würde!«

❖

»Aus tausend Ursachen ist uns indessen mitt-
lerweile jede Entkörperlichung des Geistes, jede
Entgeistigung des Leibes gründlich verdächtig geworden. Der Leib und der Geist sind dieselbe
Ordnung in verschiedener Weise, so will uns eher
wahrscheinlich bedünken«
EUGEN ROSENSTOCK-HUESSY[73].

Herrin über die geistigen Dinge

Mich reizt sie, diese »Intelligenz des Weiblichen«. Ich beginne Spuren zu suchen, Spuren zu sichern. Ich finde einen Hymnus von Apuleius an Isis, die Göttin aller Göttinnen und Götter, die Ur-Mutter, die sich hinter allen Göttinnen als die Wahre und Letzte verbirgt. In diesem Lobpreis offenbart sich Isis nicht nur als die Mutter der geschöpflichen Welt, sondern auch als die »Herrin über alle geistigen Dinge«[74]. Sie selber bezeichnet sich als Ursprung und Quelle von beidem, von Natur und Geist, von Leiblichem und Spirituellem. Wo, Schwestern, ist hier die befürchtete Eingrenzung, Einengung auf die alte Blut-und-Boden-Frauenrolle? Gerade hier werden wir von höchster Instanz eingesetzt in unser Geistiges und dazu berufen, es zu leben. Aus dem Einen Ursprung haben wir unser ganzes Sein: Leib, Seele und Geist!

Deutlicher als in diesem Gesang an Isis kann es eigentlich gar nicht mehr gesagt werden. Ich finde noch andere Zeugnisse. In einer italienischen Modezeitschrift stoße ich im kulturellen Teil auf einen Bericht über die Tarot-Karte »La Papessa«, die Päpstin. Die »Hohepriesterin« anderer Tarots ist hier ganz abendländisch zur Päpstin geworden: Von der Päpstin in vollem Ornat, Tiara-gekrönt und ein offenes Buch auf dem Schoß, wird gesagt: »La Papessa personifica il principio materno e femminile; e indica la trasmissione non solo della vita fisica ma anche la dottrina della vita spirituale.« *Die Päpstin verkörpert das mütterliche*

und weibliche Prinzip und bedeutet die Weitergabe
nicht nur des physisch/leiblichen Lebens, sondern
auch die Lehre des spirituellen/geistlichen Lebens.
So rächt sich in der »Unterwelt«, in der »Gegen-
lehre« des Tarot, die »Herrin über alle geistigen
Dinge« für ihre Negation, für ihre Ver/Leugnung
in den offiziellen Theologien und bringt als Gegenbild die Gestalt der Päpstin/Hohepriesterin
hervor. Die Päpstin, die Frau im allerhöchsten
Lehramt – als Protest gegen eine Kirche, die schon
früh in ihren Anfängen den Frauen den Zugang
zur geistlichen Autorität versperrte und die mit
Paulus gebot: »Zu lehren aber gestatte ich einer
Frau nicht« (1.Timotheus 8,12).

In mein Tagebuch habe ich mir zu jener Zeit
ein Gedicht abgeschrieben: »Wir danken dir, Göttin des Lichts, die du immer wiederkehrst. Du
läßt die Früchte und Nüsse der Erde reifen. Wir
danken dir. Groß ist die Mutter, die unser Leben
reifen ließ durch Erfahrung und Weisheit. Ewige
Mutter ohne Anfang und Ende.« Die Große Mutter läßt uns dank ihrer Erfahrung und Weisheit
reifen und wachsen. Die »Herrin über alle geistigen Dinge« ist selber die Weisheit. Damit kann
ich anknüpfen an eine weibliche Gestalt, die auch
in der »Oberwelt« der jüdisch-christlichen Tradition ihre Spuren hinterlassen hat: an Sophia, an
die Frau Weisheit des Alten Testaments, die von
sich selber sagt: »Kehret euch zu meiner Rüge!
Siehe, ich will euch meinen Geist hervorströmen
lassen, will meine Worte euch kundtun« (Sprüche 1, 23).

Sophia ist auch zu Gast an der »Dinner Party«,

die die amerikanische Environment-Künstlerin Judy Chicago als »symbol of our heritage«, als Symbol für unsere Erbschaft, gestaltet hat: neununddreißig große und zu Unrecht vergessene Frauengestalten aus unserer Vor/Geschichte werden zum Abendmahl/Nachtessen an eine dreieckige Tafel geladen, wo für jede ein ganz spezielles, sie ehrendes Gedeck liegt. Den Anfang macht die Göttin des uranfänglichen Ursprungs (Primordial Goddess), dann kommen die Göttin der Vegetation und Fruchtbarkeit, Istar, Kali und die Schlangengöttin des mutterrechtlichen und mutterreligiösen Kreta und schließlich, als sechste, Sophia, in der noch immer – wenn auch herabgemindert und zurechtgestutzt – ein Abglanz der Großen Göttin, der »Herrin über alle geistigen Dinge«, aufscheint[75].

◇

»Weisheit ist wie die früher beschriebene Intelligenz von höchst weiblicher Natur« (Miriam und José Arguëlles[76]).

Auf der Suche nach Frau Weisheit

Die »Suche nach Weisheit« – so heißt ein hübscher Stich aus dem frühen 17. Jahrhundert. In der rechten, dunkleren Bildhälfte sehen wir ein leicht gebücktes Männlein mit einem Zwicker auf der Nase. In der Rechten trägt es einen Stock, in der Linken eine Laterne mit einer brennenden Kerze – damit sie ihm besser leuchte, hat es sogar das Türlein der Laterne geöffnet. Nichts scheint ihm zuviel, um die Weisheit zu suchen: es hat bereits eine Anhöhe mit einem Wald und ein Gehöft hinter sich gelassen und über eine kleine Brücke einen Fluß überquert. Was es nicht sieht, weil es den Blick nicht auf den Boden senkt: die Fußspuren, die vor ihm den Weg markieren; was es nicht merkt, weil es den Blick nicht hebt: Frau Weisheit, Sophia, die unweit vor ihm ihren Weg geht. Hochaufgerichtet und ruhig schreitet sie einher – eine stattliche, hoheitsvolle Frau, die ihm ihre Fußabdrücke als Hilfe bei der Suche hinterläßt. Sophia: ein starker, kräftiger, wohlgeformter Körper, der – antikisierend gewandet – die linke Bildhälfte ausfüllt. Über Sophia glänzt in einer Wolkenlichtung die Mondsichel. Den rechten Arm hält Sophia angewinkelt; in der Hand trägt sie einen Blumenstrauß. Der linke Arm hängt locker herunter; ihre Hand umfaßt verschiedene Früchte, Weinlaub und eine Traube. Herrin der Blumen und Früchte. Mutter des Lebens und des Wachstums. Weisheit, die sicher über die Erde schreitet, obwohl sie ihren Blick emporrichtet zum Himmel[77]. Diese neue Sicherheit im Schreiten und Gehen ist auch denen verheißen, die ihr nachfolgen: »Verliere sie (die Weisheit) nicht aus den Augen, ... alsdann wirst du deinen Weg sicher gehen, und dein Fuß wird nicht anstoßen« (Sprüche 3, 21 und 23).

Ich liebe diese Bild sehr. Diese »Suche nach Weisheit« ist mir zur schönsten Illustration für die Doppelnatur des Geistes geworden: Weisheit und Verstand, Intelligenz des Weiblichen und männliche Intellektualität gehören zusammen. Es liegt viel Spott in diesem Bild, das den Verstand ein bißchen lächerlich macht und die Weisheit als die Überlegene, Höherwertige darstellt. Ähnlich frech formuliert Frederick S. Perls: »Die Intelligenz ist das Ganze, und der Intellekt ist die Mätresse der Intelligenz – der Computer, das Anpasse-Spielchen: Wenn das eine so ist, dann ist das andere so – dieses ganze Hin- und Herüberlegen, durch das viele Leute das Hören und Sehen dessen, was geschieht, ersetzen.«[78] Heute reduzieren wir die Intelligenz meistens auf den Intellekt und verstehen deshalb unter Intelligenz nur noch das analytische, denkerische, logische Aufschließen, Aufschlüsseln, Durchdringen, Durcharbeiten und Verarbeiten einer Sache. Wir bewundern die zergliedernde Kraft unseres Gehirns, das Chirurgenmesser eines scharf geschliffenen Verstandes, der eindringen und trennen kann, etwas in seine Bestandteile auseinanderlegt, ihre Beschaffenheit und ihr Zusammenwirken aufdeckt und mit diesen Bestandteilen dann auf eine neue Art zu operieren beginnt, sie neu zusammensetzt. Homo faber, der Mensch/Mann als Schmied. Technological man, der Mensch/Mann als Techniker. Analyse und Synthese. Erdölchemie, Automation, Elektronik. Intelligenz als IQ. Ich selber habe einen solchen Mann/einen solchen Computer in mir großgezogen. Besuchte Grund-, Mittel- und Hochschule. Brachte gute Zeugnisse nach Hause und promovierte mit höchstem Lob. Erwarb mir jenes Wissen und Denken, das in der männlichen Welt des Wirkens und Machens gefragt ist. Nützlichkeit, gesellschaftliche Anwendbarkeit und Vermarktbarkeit waren das Ziel solcher Bildung. Beruf und Brot, Anerkennung und Rang sollte mir das hochgezüchtete Hirn einbringen. Dem Tüchtigen die Bahn. Dem Intelligenten die Welt. Verstand, Herr der Welt. Geist, Beherrscher der Natur. Intellekt, Überwinder der Materie.

»Das Bedürfnis nach Klarheit und Unterscheidung im Denken ist in einer männlichen Kultur immer sehr groß gewesen«, stellt Catharina J. M. Halkes fest, und mit ihr will ich würdigen: »wir haben ihm viel zu verdanken«[79]. Große kulturelle Leistungen und eine machtvolle technologische Zivilisation. Ich fühle das, wenn ich mich in ein Flugzeug setze und nach einer gekonnten, sicheren Landung wieder heil und ganz aussteige. Die Schreibmaschine, auf der ich tippe, ist ein Produkt dieser Zivilisation. Daß ich zum Arbeiten dank Plattenspieler und Lautsprechern ein Orgelkonzert hören kann, verdanke ich dieser Technik – daß es Orgeln gibt und sie gespielt werden können, jedes einzelne Instrument des begleitenden Orchesters, die Leistung des Komponisten und aller Interpreten, die Erfindungsgabe der Techniker, die die Schallplatte entwickelt und die Geräte zum Abspielen gebaut und verfeinert haben, die Elektrizität, die ins Haus kommt. Und so weiter. Aber ich weiß auch: der homo faber hat die Erde, die sich über Jahrmillionen in einem subtilen Prozeß des Wachstums entfaltet hat, in kürzester Zeit an den Rand eines plötzlichen oder schleichenden Untergangs gebracht. Ich rieche es, wenn ich im Stoßverkehr vor Fußgängerstreifen warten muß. Ich sehe es dem sterbenden Fluß bei Tel Aviv an: »Vor vierzig Jahren gab es hier noch Wasserbüffel.« Es beelendet mich, wenn ich die Gegend am Stadtrand von Basel sehe, wo ich aufgewachsen bin: vor lauter Wohnblöcken, Autobahnen, Raststätten und Sportplätzen ist sie kaum mehr zu erkennen. Mehr und mehr fehlt, was einst den Reiz dieses Gebiets ausgemacht hat: da ein Weizenfeld, hier ein paar Schrebergärten, da eine alte Villa in einem großen Park, dort ein Naherholungsgebiet an einem kleinen Fluß, das heute von Autobahnzu- und -abfahrten durchschnitten ist und seinen Wert verloren hat. Auch das haben wir ihm zu verdanken, dem Bedürfnis nach Klarheit und Unterscheidung im Denken, das in dieser unserer männlichen Kultur so groß (gewesen) ist. Frau Weisheit spricht: »All meine Rüge verwarfen« sie: »darum werden sie die Frucht ihres Wandels kosten müssen« (Sprüche 1, 30–31). Und als letzte Warnung: »Die Toren sterben durch Unverstand« (Sprüche 10, 21).

Kopf und Denken sind bei uns über-gewichtig geworden, zu vorrangig, zu vor-herrschend. Das Verstandes-Männlein ist von der Suche nach der Weisheit abgekommen und in die Irre gegangen. Es hat seinen Verstand zum Alleinvertreter des Geistes gemacht und die Weisheit als unwert und unwichtig aus dem Blickfeld seiner Aufmerksamkeit und seines Interesses verbannt. Daß seine Geistigkeit ein Zauberlehrlingsintellekt sein könnte, dem Halt geboten werden muß, will ihm nicht in den Kopf. Daß seine Intellektualität heute die Menschen und die Welt gefährdet, weil sie krankmachend einseitig geworden ist, will es in seinem Allmachtsanspruch nicht einräumen und wahrhaben. Zwei Frauen, die die Vertreibung der Frau aus der Wissenschaft untersucht haben, halten erbarmungslos fest: »Das, was wir heutzutage Wissen nennen, versteht sich bar jeglicher sinnlicher Erfahrungen als eine Wissens-Vokabelansammlung, die aus Merkfähigkeit und dem Austüfteln abstrakter Denkformeln besteht, ohne überhaupt den Körper als Vermittler von Erfahrungen, seine Sensibilität und Emotionalität, also den Eros mitzuberücksichtigen.«[80] Auch Catharina J. M. Halkes weiß, was dem Verstandes-Männlein not tut: es braucht als Ergänzung »die Emotionalität, die persönliche Betroffenheit, eine intuitive Art des Wissens, das Bedürfnis nach gegenseitiger Verbundenheit mit den Menschen, aber auch mit der Erde und der Natur, ein weniger geradliniges, konsequent logisches Denken, dafür aber ein erfinderischeres, improvisierteres Handeln, weniger Sachlichkeit, größere Zweideutigkeit«[79].

Die weise Frau von Nijmegen ist weder mit der Beschreibung des Krankheitsbildes noch mit ihrem Heilungsvorschlag allein. Immer wieder taucht heute die Erinnerung an die Doppelnatur des Geistes – Verstand und Weisheit – auf: als Kritik, daß der homo faber einseitig nur die Verstandesseite entwickelt hat, und als Forderung, daß es not-wendig, not-wendend ist, die Doppelnatur des Geistes wiederherzustellen, daß wir uns also erneut auf die »Suche nach Weisheit« machen müssen. Begrifflich kann das ganz unterschiedlich aussehen, aber immer ist dieses Eine gemeint. Mary Daly redet von der »technological reason«, dem Werkzeugverstand, der sich auf alles Machbare richtet und den wir als hochentwikkeltes Instrument brauchen können und müssen, der aber verdirbt und Verderben anrichtet, wenn er nicht mehr an eine »ontological reason«, an eine Seinsvernunft, gebunden ist, die ihm Ziel und Zwecke setzt. Werkzeugverstand kann nur herausfinden und mitteilen, was man wie macht; Seinsvernunft muß erkennen und entscheiden, was wir überhaupt machen wollen[81].

Ganz ähnlich redet Erich F. Schumacher, der Wirtschaftsfachmann, der uns »das menschliche Maß« in Erinnerung gerufen hat. Bis zum Überfluß haben wir uns »instrumentelles Wissen« erworben und unsere Computer damit vollgestopft; das »verstehende Wissen« hingegen haben wir auf sträfliche Weise vernachlässigt. Statt das »instrumentelle Wissen« immer weiter anzuhäufen, sollten wir uns heute dringend um eine Mehrung des »verstehenden Wissens« bemühen, uns also wieder auf die »Suche nach Weisheit« machen[82]. Dasselbe sagt auf seine Art Erich Fromm im Buch »Haben oder Sein«: »Haben« als Machen und Besitzen in der Welt, als Forschen, Produzieren, Gewinnen; »Sein« als meditative Gegenwärtigkeit, als teilhabende Verbundenheit mit der Wirklichkeit in mir und um mich herum – und wieder: Wir sind auf beides, auf Haben und Sein, angewiesen[83].

Wie Schumacher und Fromm spricht auch Karlfried Graf Dürckheim, der Gründer eines Meditationszentrums in Rütte-Todtmoos im Schwarz-wald, von »zweierlei Wissen«. Nicht daß das eine gut und das andere schlecht, das eine falsch und das andere richtig wäre: auch hier brauchen wir Menschen beides. Das »zeitbedingte« Wissen »mündet in der Naturwissenschaft und Technik, darin der Mensch die Welt gegenständlich erkennt und seinem Willen entsprechend meistert«. Doch gleichzeitig sind wir auf das »überzeitliche Wissen« angewiesen, auf »ein Urwissen um das Wesen und seinen Weg, das zeitlos ist«. Dieses Urwissen ist uns »eingeboren und unbewußt zu eigen«; wir können dazu »erwachen in besonderen Erfahrungen«. Damit ist angedeutet, daß der Weg zum zeitbedingten und zum überzeitlichen Wissen ein anderer ist: das Weltwissen läßt sich mit Mühe und Fleiß über den Kopf erarbeiten; beim Urwissen handelt es sich eher um ein Inne-Werden, um ein Er-Kennen, das sich auf der »Suche nach Weisheit« einstellt, ohne daß wir es »machen« können – es kommt uns zu in einem Prozeß, der uns als ganze Persönlichkeit fordert und fördert. Das Urwissen mündet bei Dürckheim »in der Weisheit, darin der Mensch sich selbst im Sein erkennt und seiner Bestimmung gemäß verwandelt«[84].

Alle diese Lehrer/innen kritisieren – an unserer Gesellschaft wie an uns einzelnen – das Übergewicht der Verstandesfunktion und den Abfall vom Sein, von der Seinsvernunft und vom verstehenden Wissen. Und alle fordern uns auf, uns wieder auf die »Suche nach Weisheit« zu machen, die Doppelnatur des Geistes in uns und in der Welt wiederherzustellen. Zu unserem eigenen Heil und als Heilungsvorgang einer kranken Kultur. Das ist eine Aufforderung, Ganzheit zu errichten, wo Halbheit war, Zweiseitigkeit zu schaffen, wo Einseitigkeit herrschte. Diese Ganzheit steht für mich im Zeichen der Sophia, der Weisheit, der »Herrin über alle geistigen Dinge«. Wieder sehe ich den Sohn vor mir, der die Mutter krönt. Individuelles Ich-Bewußtsein, Klarheit im Denken, Intellektualität stellen in der Doppelnatur des Geistes das Sohn-Prinzip dar. Sie sind in der Entwicklungsgeschichte der Menschheit wie des einzelnen Individuums das Jüngere, das Spätere, das aus einem früheren vor- und unbewußten Zustand der Verbundenheit hervorgeht. Weisheit hingegen ist die mit dem schöpferischen Urgrund verbundene, an den Schoß allen Seins angeschlossene Art des Erkennens, des Wissens um, des Spürens ob, des Merkens daß, des Ahnens, der Intuition, der Schau – sie ist Mutter, Mutterboden, Matrix, das Vorgängige, Ursprüngliche, die Quelle. Der Tag steigt aus der Nacht empor. Mondbewußtsein geht dem Sonnenbewußtsein voraus, umfaßt es, trägt es und nährt es. So krönt der Sohn die Mutter, so ordnet sich das Ich dem Selbst unter, freiwillig und bewußt. So umgibt die Weisheit den Verstand.

Mondlieder, Sonnengesänge

Das neue Interesse für Frau Weisheit hat mich aufhorchen lassen: erstaunlich häufig klingt ihr Name in den Liedern der neuen Frauenbewegung auf! Das verwundert mich: Frau Weisheit, so etwas Altmodisches, Fremdes, Skurriles, Geistiges/ Geistliches in der Lyrik und Musik einer Bewegung, die doch unter ganz anderen Vorzeichen angetreten ist. In ihrem Song »I am Woman« aus den Jahren 1971/1972 wiederholt Helen Reddy im Refrain immer wieder: »O yes, I am wise, but it's Wisdom born of pain! . . .« *Ja, ich bin wohl weise geworden, aber es ist eine Weisheit, die ich mir nicht an-gelernt, sondern die ich unter Schmerzen erworben und geboren habe. Und darum werde ich mich unter keinen Umständen mehr demütigen, beugen, unterdrücken lassen, sondern meinem Bruder aufrecht als starke Frau entgegentreten, auch wenn ich in meiner Selbstbewußtwerdung immer noch ein Embryo bin und noch einen langen Weg vor mir habe*[85].

Yoko Ono, Künstlerin und Lebensgefährtin von John Lennon, hat in »sisters, o sisters« eine Dreiheit von Zielen vor sich. Frauen sollen aufbrechen, einen Exodus durch die Wüste wagen, um »Freedom«/Freiheit, »Wisdom«/Weisheit und »a New World«/eine neue Welt/eine neue Schöpfung anzustreben. Um eine neue Erde und einen neuen Himmel geht es der Frauenbewegung, die sich eben nicht darin erschöpft, eine soziale und politische Bewegung zu sein (was sie auch ist), sondern gleichzeitig ein Kämpfen der Frauen um Selbst-Werdung zum Ausdruck bringt, eine Sehnsucht nach Freiheit und Weisheit und nach einer neuen Schöpfung, in der Frauen nicht einfach teilhaben an dem, was Männer bis jetzt gemacht und gedacht haben, sondern selber eine neue Welt er/schaffen. Weisheit als Wissen, Einsicht,

Verstehen, als eigen-ständiger Zugang zu den Quellen der Weisheit selbst[86].

Ein paar Jahre vorher haben auch die Beatles die Weisheit in einem Lied zu Wort kommen lassen. Ich hatte »Let it be« zwar als »Ohrwurm« im Kopf, aber mir war noch nie aufgefallen, daß Sophia darin vorkommt. Als mir dieser Hit Jahre später während einer Entspannungsübung einfiel – »let it be« – *laß es sein, laß es gehen, laß dich gehen* – und ich die Platte nachher genau anhörte, fiel mir auf, daß Paul McCartney die meditative Weisheit »let it be« nicht irgendeinem Guru in den Mund legt (so etwas Exotisches hatte ich erwartet), sondern: »When I find myself in times of trouble, Mother Mary comes to me, speaking Word words of Wisdom: let it be.« *Wenn ich Schwierigkeiten habe, kommt Mutter Maria zu mir und spricht Worte der Weisheit: laß es sein.* Ich traute meinen Ohren kaum, da spricht die Gottesmutter, Mutter Maria – und das über die Beatles und im Jahr/Anno Feminarum 1970!

Sie kommt nicht aufdringlich daher, diese Weisheit. Sie hat nichts Gewaltiges oder Pompöses an sich. Sie flüstert ihre Weisheitsworte und heißt uns warten: »There will be an answer: let it be.« *Es wird eine Antwort geben,* sie wird kommen, entstehen, heranwachsen, sich dir mitteilen. *Laß los und laß sie kommen,* erwarte sie, warte darauf, sei geduldig und empfänglich, hab Vertrauen, es wird schon werden; nur: machen kannst du es nicht, let it be. Und gerade dann, wenn »darkness« – *Dunkelheit* – herrscht in deinem Herzen, wenn du wohnst im Tal des Todes und des

Schmerzes (»in the world of grief«), gerade dann sitz still, leg die Hände in den Schoß, tu nichts, sondern halt einfach aus, harr aus: »There is still a light that shines on me: let it be.« *Es gibt noch immer ein Licht, das auf mich scheint: laß es sein*[87].

Das Licht, das hier aufscheint, meint nicht die Taghelle des Verstandes. Hier leuchtet Mondlicht mild und voller Trost in die Nacht der Seele. Mother Mary ist die Mondin, deren Weisheit aufstrahlt, wenn alles finster ist, die uralte Mondgöttin, die uns all jenes geheime Wissen anbietet, das wir in unserer sonnenhaften Macher-Mentalität nicht mehr wahrnehmen und wahrhaben wollen – bis wir oft einfach nicht mehr anders können, als uns der Heilsbotschaft zu öffnen: »There will be an answer: let it be.« Es ist für uns wie eine Kapitulation, daß neben dem Tag auch die Nacht ihr Recht hat, daß zum erleuchtenden Licht der Sonne auch das sanfte Glänzen der Mondin gehört, daß wir zu unserem Wachstum nicht nur Helle und Wärme, sondern auch samtenes Dunkel, Silberlicht und feuchten Tau brauchen. Doch in »times of trouble«, *in der Tiefe und aus der Tiefe*, kommt die Große Mutter selber zu uns zurück: let it be – laß es zu, laß sie kommen . . .

Das Hören und Tanzen von »let it be« hat mich bewogen, einmal genau auf die unterschiedliche Klangfarbe von Mond- und Sonnenmusik zu achten. Ich beginne, altvertraute Lieder neu zu singen und zu verstehen. Wie eine Fanfare klingt der Kanon »Vom Aufgang der Sonne bis zu ihrem Niedergang sei gelobet der Name des Herrn«.

Und »Es taget vor dem Walde: stand uff, Käther-lin« ist ein uraltes Aufsteh-Lied. Auch »Die güld'ne Sonne voll Freud' und Wonne« und »Sonne der Gerechtigkeit« gehören einer bewußt-seinsklaren Morgenmusik an, in der wir die Sonne als Abbild des männlichen Gottes, des Herrn, des Sonnengottes, bildhaft aufgehen hören/sehen. Ähnlich strahlend tönt in Haydns »Jahreszeiten« der Lobpreis

»Heil, o Sonne, Heil!
Des Lichts und Lebens Quelle, Heil!
O du, des Weltalls Seel' und Aug'
Der Gottheit schönstes Bild
Dich grüßen dankbar wir!«

Wie anders, wenn wir »Der Mond ist aufgegan-gen« singen – mild und weich und unendlich friedlich fließt das Lied dahin wie Mondlicht über sanfte Hügel: »Guter Mond, du gehst so stille, durch den Abendhimmel hin.« Als ich dieses Lied als Kind zum ersten Mal hörte, in einer Märchenaufführung im Stadttheater, zerfloß ich vor innerer Bewegung in Tränen: noch nie hatte mich etwas Süßes, Mildes so gerührt. Heute ist mir Schumanns Vertonung von Eichendorffs »Mondnacht« der Inbegriff solcher Mondmusik:

»Und meine Seele spannte
Weit ihre Flügel aus,
Zog durch die stillen Lande,
Als flöge sie nach Haus.«

❖

Lange Jahre vor meinem Fall aus patriarcha-
lem Enthaltensein hat mir eine Schulfreundin,
ein Sommer-Kind wie ich, eine Postkarte aus
dem Marienkloster in Beit Shean in Israel geschickt: strahlengekrönt König Sonne, sichel-
gekrönt Königin Mond. All die Jahre hindurch
habe ich das Bild dieses Mosaiks aufbewahrt
und mich nie davon getrennt, es nie verloren,
bis ich selber davorstehe: vor dem göttlichen
Paar, Frau Mond und Herr Sonne, jedes im
Arm seine Fackel, sein Licht.

Ein Kreis, der beide umfaßt,
Ganzheit: Zusammenfallen der Gegensätze –
Coincidentia oppositorum –
Heilige Hochzeit von Sonne und Mond.

GRUENKRAFT

hand-innen
ein Name entziffert
aus Aschenschrift
rückwirkend
am Ende
sterblich
mein Faustpfand
fremd und Fremdem
wirst du Person

MARGOT SCHARPENBERG[5]

I decided to start anew – to strip away
what I had been taught –
to accept as true my own thinking.

*Ich entschied mich dazu, neu anzufangen –
abzustreifen, was man mir beigebracht hatte –
und mein eigenes Denken als wahr anzunehmen/
zu betrachten.*

GEORGIA O'KEEFFE[88]

Wenn du weise bist, weise bist du dir zugut,
bist du dreist, du allein wirst es tragen.

SPRÜCHE 9, 12[89]

Fahrt durch die Schlucht

Schreiend wache ich auf. ICH STERBE! Ich ersticke. Zerrieben, zermalmt werde ich zwischen zwei übermächtigen Kräften. Rasendes Herzklopfen, Angst und Schrecken. Grauen erfüllt mich. Benommen setze ich mich auf. Mache Licht. Erkenne das Atelier meiner Freundin in der Zürcher Altstadt. Was war das? Ich stehe auf. Mache das Fenster auf in die Nacht. Niederdorf, Hirschenplatz. Setze einen alten Aluminiumkessel aufs Gas. Gehe mit meinem Tee zurück ans offene Fenster. Ein paar Nachtgestalten. Irgendwo hoch oben ein Licht. Baum und Sterne. Juni 1980. Erschütterte Stadt. Jugendkrawalle. Das Unglaubliche im »Zürich der Gnomen«. Ich setze mich wieder auf mein Bett aus Polsterkissen. Lehne mich langsam zurück. Döse. Bin in einer Schlucht. Fahre durch eine Schlucht hindurch. Auf ihr Ende zu. Aus der Tiefe der Schlucht wuchern hohe Bäume empor. Die Felswände sind grün überwachsen, bemoost, bebuscht. Vorne öffnet sich die Schlucht auf eine saftig grüne Landschaft voll sanft geschwungener Hügel und Höhen, übergossen von strahlendem Sonnenlicht: »Grün wirklicher Grüne« (Rilke[90]). Ich bin ein schwarzes Auto und fahre auf der linken Seite der Schlucht aus der Schlucht heraus. Ich weiß, daß ich noch eine ziemlich gefährliche Linkskurve nehmen muß. Gleichzeitig bin ich mir ganz gewiß, daß ich sie sicher und ohne abzustürzen nehmen werde. Ruhig schlafe ich wieder ein.

❖

Gedankenverloren spaziere ich durchs Niederdorf. Sehe die Menschen, die Stadt, die Blumen
unten in den Gewölben an der Limmat. Ziellos
fällt mein Blick ins Schaufenster eines Juweliers.
Eine goldene Brosche: drei Köpfchen aus Koralle,
um ein kreisrundes ziseliertes Mittelstück ange-
ordnet, und um sie herum sechs Steine, je einer in
der Ecke eines Sechsecks, keiner wie der andere:
blau, gelb, rot, hell und dunkel, Mondstein und
Opal. Dazwischen Blätterwerk und kleine Spiralen. Um die Mitte herum die drei Jungfrauen. Die
drei Matronen. Die drei Nornen. Die drei Parzen.
Geburt, Leben, Tod. Quelle, Fluß, Mündung.
Zunehmender Mond, Vollmond, abnehmender
Mond. Artemis, Selene, Hekate. Jungfrau, Frau/
Mutter, weise alte Frau. Mater triformis. *Die drei-
gestaltige Mutter.* Die ursprüngliche Dreifaltigkeit.

Die Brosche ist kostbar und teuer. Außer meiner Geige habe ich noch nie etwas so Wertvolles
besessen. Ich sollte sie eigentlich nicht kaufen,
denn damit verletze ich ein Abkommen zu spa-
ren. Ich verrate die Übereinkunft. Werde ihr un-
treu, weil mir der ungesuchte Fund sagt: ich sym-
bolisiere deinen Kern, deine Mitte, deine Tiefe,
das einzige, was du hast und bist und worauf du
dich verlassen kannst. Gönne dir das, worauf es
dir wirklich ankommt, und verzichte auf alles
andere. Sei du, du selber, und trage die Konse-
quenzen. Ergreif, was dir wichtig ist, und zahle
den Preis dafür – und: »Meide den Irrtum, daß es
Entbehrungen gebe für den geschehnen Entscheid,
diesen: zu sein« (Rilke[91]).

❖

Das Eis kracht. Der Panzer birst. Die Schale bricht. Ich zerschelle an der Undurchsetzbarkeit meines Willens. Reiße mich auf an der Nichterzwingbarkeit dessen, was ich ersehne. Stoße mich wund an der Nichtmachbarkeit der Begegnung, die nicht geschieht, wenn der andere sie nicht auch will: freiwillig, unverfügbar, sich nicht zwingen lassend. Blute aus tausend Wunden. Spüre in der Prinzhorn-Sammlung vor den Gemälden geisteskranker Menschen: Schwester, Bruder – ich bin dir nah – zwar bin ich jenseits von dir, du jenseits von mir, aber die Membran, die uns trennt, ist hauchdünn. Der Schritt hinüber, der Sturz, das Kippen – wie leicht ist das möglich. Es ist auch meine Möglichkeit, jetzt, es braucht nicht viel. Wie betäubt gehe ich umher mit meinen Verletzungen. Gedämpft vor lauter Schmerz. Betäubt von der Demütigung. Sprachlos, verstummt vor Beleidigung.

das leben
entzieht sich
meiner macht
meiner
machbarkeit

verzweiflung
ohnmacht
grauen
wehe!

Aber irgendwo, ganz tief unten, höre ich in mir drin ein kleines gurgelndes Lachen, ein Kichern, Wichtelworte raunt es mir zu: sieh, so ist das also,

so macht es das Leben! Begreifst du endlich?
Komm: gib dich drein, schick dich drein: so ist es,
so!

das leben
entzieht sich
meiner macht
meiner
machbarkeit

erlösung
heilung
rettung
eia!

verzweiflung
schlägt um
in erlösung
gegenstandslos
werden
machen-müssen
machen-können

daß es
wird
wächst
geschieht
ergreifen
begreifen
die offenen
hände

Über meinen Wunden wächst empfindlichere
Haut nach. In Fetzen hängt die alte, spröde Hülle
an mir herunter; drunter bildet sich zarteres, wei-

cheres Gewebe. Noch lebe ich. ES HAT MICH NICHT UMGEBRACHT! »Wovor haben Sie denn Angst? Was kann Ihnen denn geschehen, Kind?« sagt mir die Stimme einer weisen alten Frau. Ja: was kann mir denn geschehen? ES HAT MICH NICHT UMGEBRACHT! ES HAT BLOSS WAHNSINNIG WEH GETAN, SO WEH. ABER JETZT BIN ICH HINEIN-GEBOREN IN DIE GRÜNE SAFTIGE LANDSCHAFT VOLL LEBEN! ICH BIN AUS DER SCHLUCHT HER-AUS! Und in mir wächst die Entschlossenheit: auf die Gefahr hin, daß mir wieder einmal etwas, jemand, ich selber mir weh tun kann, könnte, wird – zurück gehe ich nicht mehr: ich mache mich nicht mehr zu, ich versteife und verstarre mich nicht mehr. Es ist wie ein Gelübde. »Der lebendige Geist geht aus, wird grünender Leib und bringt seine Frucht –: Das ist das Leben!« (Hildegard von Bingen[4]).

Leib, Geist, Seele: ganz

Der Tag. Die Nacht.
Ich. Du. Wir.
Leib, Geist, Seele: ganz.

❖

Coincidentia Oppositorum
oder: philosophisches liebeslied

coincidentia oppositorum
zusammenfallen der gegensätze
hochzeit der widersprüche
Cusanus, von Jaspers vermittelt
nur soviel verstand ich:

hätten wir das geglaubt,
wäre unsere geschichte
anders verlaufen
glaubte ich das,
wäre meine geschichte
anders verlaufen
glaube ich das,
wird meine geschichte
anders verlaufen

nur geist ist wichtig
edel, gut
nur kopf zählt
ist zu schulen
bringt's zu was
im leben.
leib ist bloß
basis, träger
gebrauch
verächtlich
maschine.

in der klarheit
des morgengrauens
zusammenfallen
hochzeit
in meinem schoß
leib, geist, seele
ganz
coincidentia oppositorum

aktiv männlich
passiv weiblich
aktiv gut
passiv schlecht

rollenzwänge
einengung
ich will sie nicht
übertreibe aktivität
verlerne passivität
kein zurück
vorwärts
drüber hinaus
umarmung
wer küßt?
wer wird geküßt?
öffnen ein tun
eindringen hingabe
leidenschaft passion
männlich, weiblich
aktiv, passiv
verschmelzen
coincidentia oppositorum

alleinsein
begegnen
ich ein du
du ein ich
individuum, abgeschnitten
ganz, ohne fehl
teil, verbunden
grenzen übersteigend
sie nie löschend
zum du, zur welt
coincidentia oppositorum

freude, trauer
leid, lachen
riß, heil

tränen, vergnügen
sattheit, hunger
dürre, flut
öde, spaß
angst, mut
sonne, mond
lieb, bös
bitter, süß
warum nur das eine?
warum nur das helle?
kein leben ohne tod
coincidentia oppositorum

❖

Er hatte mir vorgeworfen: ich sei unersättlich, wolle alles und auf einmal. Aber das war es nicht. Es war: Erwünschung der Fülle. Und nun: Erfüllung der Wünsche. Endlich Fülle –

❖

»Nicht todesbereit sein heißt nämlich nichts als nicht ganz lebendig sein, im höchsten Leben ist man's. Und was du Frömmigkeit nennst, ist ja nichts als dieses höchste Leben. Dem Lebenswillen widerspricht also die Todesbereitschaft nur insofern es noch Lebenwollen ist. Lebenwollen ist nämlich noch nicht Leben, sondern eben bloß erst Lebenwollen. Wäre es schon Leben, und über das bloße Lebenwollen, dies elende Möchtegern, hinaus, dann wäre der Mensch auch todesbereit«, schreibt Franz Rosenzweig 1918[92].

Die Tafeln des neuen Gesetzes

Als ich erwache, habe ich zunächst bloß die Erinnerung an die drei Farben vor mir: blau, gelb, rot – und zwar in jenen seltsam faden Tönen, die im vielfarbigen Tiefdruck verwendet werden: ein helles Gelb, ein wäßriges Aquamarin und ein lilastichiges Rosa. Ich bin schon ein bißchen enttäuscht: nur die drei Grundfarben zeigen sich mir in einer Nacht, in der ich um Träume, um Hilfe aus der Tiefe geradezu gefleht hatte, so elend war mir in meiner Bergeinsamkeit.

Ich hänge den Farbeindrücken nach, und plötzlich erinnere ich mich an den ganzen Traum: ich bin am Umziehen in eine neue Wohnung und am Einrichten. Zwischendurch liege ich auf einem großen, breiten Bett. Mir ist sehr wohl. Ich blättere im Prospekt eines teuren Antiquariats und stoße auf zwei chinesische Schnitzereien, die aussehen wie die Gesetzestafeln von Moses: zwei Platten, nebeneinander, oben abgerundet. Plötzlich weiß ich: das ist mein Gesetz, das sind meine Tafeln, ich habe mein Gesetz empfangen. Ich weiß auch, daß ich die beiden Tafeln zeichnen und malen muß, und verbringe die nächsten Tage damit. Beide Tafeln sind von einem reich geschnitzten braunen Rahmen eingefaßt. In der Tafel links vor mir kreisrund, von flammenden Strahlen umgeben: die Sonne, goldgelb auf einem helleren Gelbgrund. Alles in welligen Schnitzformen, deren Nachbilden mich viel Zeit und Kraft kostet. Die Tafel rechts vor mir zeigt auf einem spiralig-wellenförmigen Hellblaugrund einen rosenroten Mond in allen drei Wachstumsphasen: die zunehmende Mondsichel fest mit Farbstift abgedeckt, der Vollmond eine große, sich nach rechts öffnende Spirale und die abnehmende Sichel gefüllt mit kleinen Spiralen und Röllchen.

Ich stelle die beiden Tafeln vor mich hin: Sonne und Mond, beide, die Ganzheit. Werde gewahr: die Anordnung von Sonne und Mond ist dieselbe wie auf dem Sonne-Mond-Mosaik des Klosters in Beit Shean. Und die beiden geschnitzten Formen entsprechen in ihrer Gestalt den Schreibtafeln, die die Heilige Hildegard von Bingen, die prophetessa teutonica, auf einer Miniatur, den Blick in den Himmel gerichtet, im Arm hält – bereit, ihre Schau, ihre Vision, niederzuschreiben. Ich habe mein Gesetz empfangen: coincidentia oppositorum. Jetzt weiß ich, worauf ich verpflichtet bin.

❖

Das Gesetz der Ganzheit zwingt mich zunächst auf die Kehrseite. Früher war ich krampfhaft um ein heiteres Er-Scheinen bemüht, ganz Mutters Sonnenschein – und nun lerne ich wieder traurig sein und weinen. Tal des Todes. Verzweiflung. Früher war ich zuversichtlich und zupackend, fleißig und unermüdlich – und nun erfahre ich grenzenlose Antriebslosigkeit, Lähmung, ein Nicht-mehr-Mögen und Nicht-mehr-Können, unendliche Müdigkeit und bleierne Schwere. Früher war da Jubel, Trubel und pausenloser Betrieb – und nun muß ich mir mit unendlicher Kraft und Anstrengung das Allernötigste abringen, und auch das Kleinste kostet mich manchmal unbeschreibliche Mühen. In nachtschwarzer Trauer verkrieche ich mich, und meine Funktionsfähigkeit, meine Zuverlässigkeit, mein »allzeit bereit« versagen. Ich vergesse Abmachungen, bleibe unabgemeldet fern, mag mich nicht einmal entschuldigen, verdrücke mich.

Ich finde Bilder und Texte, die meinen Zustand spiegeln – und die früher keinen Widerhall in mir gefunden hatten: die düstere Gestalt der »Melencolia« von Albrecht Dürer. Ich reiße sie aus einem Kunstband heraus und hänge sie an die Wand, weil sie meine dunkelsten Stunden darstellt. Auch Lady Juliana of Norwich, eine Mystikerin aus dem 14. Jahrhundert, fühlt sich manchmal »mir allein überlassen, bedrückt, überdrüssig meiner selbst und ärgerlich über mein Leben, so daß ich kaum die Geduld zum Weiterleben aufbrachte«[93]. Wie gut ich ihn inzwischen kenne, diesen trübseligen Zustand, diesen Verdruß, diese Melencolia. In solchen Augenblicken ist alles falsch, was ich tue, bin ich durch und durch ungenügend, nicht gut genug für nichts, klein und häßlich, mein Leben nicht des Lebens wert, alles verfehlt, alles verpfuscht, alles danebengeraten, Fluch über Fluch, Leid aus Leid, Schiefes, dem nichts als Krummes entspringt. »Es isch halt e verpfuscht Läbe gsi, vo Kind uff« – *Ihr Leben ist verpfuscht, verdorben gewesen, von Kindsbeinen an,* sagt meine Patin von meiner Mutter. Mein Großvater mütterlicherseits war Bierfuhrmann bei einer Basler Brauerei, kein schlechter Mann, er hat sich auf jeden Fall immer wieder um seine Tochter gekümmert, die bei Pflege- und Adoptiveltern aufwuchs. »Es isch halt e fremds gsi, überall fremd, und nie ganz e freii Person« – *Sie ist fremd gewesen, überall fremd, und nie ein ganz freier Mensch*, sagt meine Patin von meiner Mutter. Gerade nach der Geburt, kaum ausgestoßen aus der warmen Höhle, wurde meine Mutter weggegeben, freigegeben zur Adoption. Vogelfrei. Herausgedrückt in Heimatlosigkeit. Mutterlos, vaterlos. Verlassen, verstoßen, herumgeschubst von Anfang an. Fremd. Findling. Unvernetzt, ungeborgen, unbehaust – und Keime ihrer Verzweiflung hat meine Mutter abgelegt in mir. Ihre Ur-Vertrauenslosigkeit hat sich in mich hinein versamt, und ihre bodenlose Hoffnungslosigkeit hat Löcher geschlagen auch in mein Fundament.

❖

Als wir ins Tierkreiszeichen des Skorpions treten – des Töters des alten Jahres –, verlasse ich Mann und Heim. Verliere das Oktobergold am Rhein und ziehe ein ins Novembergrau einer lärmigen Verkehrsstraße. Könnte heulen, wenn ich ins trübe Nordlicht schaue und mich ans Südlicht im alten Küchenfenster erinnere. Vom Bett aus und vom Tisch sehe ich wohl auf schöne alte Ziegeldächer und ein Stück Himmel, aber ich sehe keinen einzigen Baum – und vorher standen Linden vor meinem Fenster: kahle Äste vor winterlicher Stadt und bleigrauem Wasser, winzig und zart erster Frühlingshauch, vollrauschend das Sommergrün und süß der Duft der Blüten im Juni, golden die Kronen im Herbst und wirbelnd der Fall der Blätter im Sturm über dem Fluß. Opfern. Loslassen. Aufgeben. Weggeben. Für nichts als das Weg-Gehen. Für nichts als den Weg. Ausgang. Aufbruch. Exodus. Wüste zunächst und Leere.

Im Basler Münster höre ich zu jener Zeit das Deutsche Requiem von Brahms. »Wenn das Weizenkorn nicht in die Erde fällt und stirbt, bleibt es ein einzelnes Korn; wenn es aber stirbt, bringt es viel Frucht« (Johannes 12, 24). Ich trauere um die Tode in meinem Leben – Verluste, Trennungen, eigenes Sterben, Tode, die ich anderen zufüg(t)e, Tode, die andere mir zufüg(t)en. Auf dem Textheft zum Requiem ein Bild, das mich tröstet: auf einem Stück Erde liegen drei Knochen, zum Dreieck zusammengelegt; aus ihrer Mitte sprießen zweimal vier Ähren empor. Und dazu der Spruch: spes altera vitae. *Andere, neue Hoffnung auf Leben.* Oder: Hoffnung auf ein neues, anderes Leben. Auf rostrotes Herbstblätterpapier lasse ich dieses Bild drucken und verschicke es mit meiner neuen Adresse. Ich bin im Tal des Todes. Aber nicht ohne Hoffnung. Stirb und werde: »Man schreitet dahin unter Tränen und streut den Samen, mit Jubel kehrt man heim und trägt hoch seine Garben« (Psalm 126, 6).

Vertrauen schenkt mir in jenen Tagen auch ein Text, den ich in einer Schrift von C. G. Jung finde, während ich bei einer Freundin in einem seiner Bücher blättere, Bilder betrachte – da lese ich im alchemistischen Traktat »Rosarium«:

»o natura benedicta, et benedicta est
tua operatio,
quia de imperfecto facis perfectum
cum vera putrefactione quae est nigra et obscura.
Postea facis germinare novas res et diversas,
cum tua viriditate facis
diversos colores apparere.«

Immer wieder lese, bete, rezitiere, übersetze
ich: » *O gesegnete Natur, und gesegnet ist dein Wir-*
ken: denn aus dem Unvollkommenen machst du
das Vollkommene durch die wahre Faulung, die
schwarz ist und dunkel. Nach ihr/nachher läßt du
neue und verschiedenartige Dinge sprießen und kei-
men. Mit deiner Grüne/Grünheit läßt du die ver-
schiedenen Farben er-scheinen und zum Vorschein
kommen. « [94] Die Hoffnung, daß auch mein Dunkel nicht sinnlos ist, nicht fruchtlos, sondern etwas be-wirkt: post ea, nach ihm, nach diesem
Dunkel und durch das Dunkel hindurch, kann
ein Neues werden.

Wintersonnenwende

»Wintersonnenwende! Nacht hat nun ein
Ende!« [95] Die längste, allerlängste Nacht, in der
das Pendel der Dunkelheit ausschlägt bis an den
äußersten Rand und die Welt einen Augenblick
den Atem anhält: Gefahr, Untergang, Tod und
ewige Nacht. Wenn es jetzt nicht zurückschwin-
gen würde – aber es schwingt zurück:

»Denn Euch ist heute
das Licht geboren
und die Sonne wieder auferstanden,
und Ihr werdet finden
das zum Zeichen,
daß die Tage wieder länger werden,
und die dunklen Nächte weichen.«[96]

Aufatmen, Erleichterung, Hoffnung, Wiedergeburt. »O du Schlummers Wende! O du Kummers Ende!«[95]

Als ich zu meinen Freunden in die Wohnung
komme, ist es dort ganz dunkel. Wir begrüßen
uns leise, und ich stelle wortlos mein Gepäck
weg. Dann setzen wir uns um einen riesigen Adventskranz herum auf den Boden. Die Kerzen
sind nicht angezündet. Dunkles Schweigen. Frieden, gemischt mit Bangigkeit. Geborgenheit, ver-
mengt mit Furcht. Heilig. Schwelle. Übergang.
Orgelmusik. Links von mir meine Freundin. Mir
gegenüber ihr Mann. Beide vertraut. Rechts von
mir eine unbekannte Gestalt: Morgan O'Hara.
Schon vor Jahren hat mir meine Freundin von ihr
erzählt: eine Künstlerin/Malerin, die andere darin
unterrichtet, wie sie ihr eigenes Tagebuch führen
und gestalten, wie sie dafür eine ihnen gemäße
Ausdrucksweise finden können, die anderen in
Kursen beibringt, wie sie kleine Heiligtümer,
Schreine, machen können für ihre innersten Gefühle, ihre tiefsten Gedanken, ihre heimlichsten
Sehnsüchte. Dunkel erinnere ich mich, daß Morgan einmal anders geheißen hat. Bis jetzt war ein
Treffen zwischen uns nie zustande gekommen.

Jetzt war es offenbar Zeit. Meine Freundin hatte mich angerufen: Morgan ist da, und ich möchte mit euch beiden Wintersonnenwende feiern! Ja. Wie Hafis, mein schweizerisch-arabischer Bildhauer-Freund mich gelehrt hat: »The right thing at the right moment wins.« *Zu ihrer Stunde, im rechten Augenblick setzt sich die rechte Sache durch*, dann geschieht, was geschehen soll. Guten Abend, unbekannte Morgan. Erste Begegnung im Dunkeln.

Wir denken darüber nach, jedes, was uns jetzt an dieser Wende beschäftigt, und wollen es ans Licht bringen: lui donner le jour, *es gebären*. Geduldige Stille. In mir, aus mir steigt unerwartet, unverhofft, der Wunsch empor: ich will mir jetzt, mit euch, unter euch, m/einen neuen Namen geben: Ursa, die Bärin, die Bärenfrau. Ich bin im letzten Jahr aus der Ursula, dem kleinen weiblichen Bärlein, her-aus-gewachsen, bin eine ausgewachsene, erwachsene Bärin geworden. Darum will ich nun die hübsche, niedliche Verkleinerungsform »ula« fallen lassen wie einen Kokon, abstreifen wie eine Larve, ablegen, hinter mir lassen. Ich bin keine kleine Bärin mehr. Eine Briefstelle vom vergangenen Sommer kommt mir in den Sinn: »Warum sollte es für Dich einfacher und schmerzloser sein, mit einer Ursula in Beziehung zu treten, deren Leben in vollem Aufruhr ist, deren Welt weniger gefügt ist, deren Haus im Auf- und Umbruch ist, die kämpft und heult und lacht und vielleicht bald wieder in die nächste Depression abstürzen wird, die nicht nur süß ist (kleine Bären sind das), die nicht nur ein zottiges, weiches Fell hat, sondern die eben auch ihre Zähne und ihr Rückgrat und ihre kräftigen Pfoten samt Krallen drin entdeckt. Freut mich. Sieht lebenstüchtig aus. Als Teddybär kann man ja nicht leben!« Im antwortenden Brief war der Diminutiv aus meinem Kosenamen verschwunden.

Ich, getaufte Ursula, nenne mich Ursa. Der Wunsch ist nicht neu. Schon im Jahr zuvor hatte ich diese vier Buchstaben groß in mein Tagebuch geschrieben, mit dünnen, scheuen Strichen. Es war Sommer in Florenz. Groß und leuchtend ging vor der Villa auf dem Berg Abend für Abend der Große Bär – ursa major, die Große Bärin – über den Olivenbäumen auf. Mein Gestirn: ursa major. Bär-Mutter. Ge-Bär-Mutter. Mutter. Hervorbringen. Aus mir heraus-bringen. Meine Fruchtbarkeit. Meine Mütterlichkeit. Meine Gebärkraft. Meine Schaffenskraft. Ursa. Angeschlossen an den alles ermöglichenden Urgrund alles schöpferischen Seins. Verbunden mit dem Kosmos und seinen kreisenden, reisenden Sternen. Teil in einem immer neu schöpfenden und immer wieder verschlingenden Universum, im schwingenden Leben und seinem Ablauf von Leben und Sterben und Wiedergeburt. Gestirnte Himmelsmutter. Ursa major. Aber damals getraue ich mich nicht. Schäme mich meines Verlangens. Habe Angst davor, mich lächerlich zu machen. Als verrückt zu gelten und verlacht zu werden: was werden auch die Leute denken, du mußt auch an die andern denken, was fällt dir eigentlich ein! Wie kannst du nur! Größenwahn! Bleib bescheiden, Kind! Kleinlaut gebe ich klein bei: versage mir meine Sehnsucht und schneide den glitzernden Faden zum schönen Gestirn wieder durch.

»Women have had the power of naming stolen from us«, sagt Mary Daly in »Beyond God the Father«[97]. *Uns Frauen ist die Macht, die Vollmacht der Namengebung, der Nennung, des Er-Nennens weggenommen, gestohlen worden.* Adam benennt alle Geschöpfe, bevor ihm der Herrgott seine Gehilfin erschafft, die er dann prompt »Männin« nennt. Eva tritt zu spät ein in eine bereits benannte Welt und ist vom ersten Moment an selber Opfer von Be-Nennung. Die Welt ist fertig, abschließend definiert. Vom Mann, für den Mann. In dieser Welt bleibt für die Frau kein Nennen, keine Namengebung übrig. Darum erkennt auch die feministische Dichterin und Theoretikerin Adrienne Rich unser tiefstes politisches Problem in unserer »Beraubung«, unserem Entbehren der Macht, Namen zu geben[98]. Dagegen hilft nur eins: wir müssen diesen Mangel, diesen Verlust wiedergutmachen, indem wir das Recht der Namengebung aus eigener Kraft wieder ergreifen, es uns wieder aneignen und selber Namen geben: uns, den Dingen, der Welt, unseren Gedanken, Gefühlen, Beobachtungen, den Wirklichkeiten, wie wir sie wahrnehmen. Wir greifen die schöpferische Urkraft auf und geben selber Namen. Ursa. Ich heiße Ursa. Ich bin Ursa.

Ich sage es zu meiner Freundin. Zu ihrem Mann. Zu Morgan. Zu ex-Maureen, ex-Mariechen, die sich selber den Namen »Morgan« gegeben hat. Und Morgan sagt zu mir: »Ursa, it will make you very strong, when you assume your own name.«

Es wird dich stark machen, daß du deinen eigenen Namen annimmst, ergreifst, und damit hinaustrittst in die Welt, dich so vor die anderen hinstellst: ich bin Ursa! Es wird nicht einfach sein, aber es wird dich stark machen. Tu's!

» Wintersonnenwende!
Nacht hat nun ein Ende!
Tag hebt an, goldgoldner Tag!
Blühn und Glühn und Lerchenschlag!
O du Schlummers Wende!
O du Kummers Ende!«[95]

Ich, Ursa, zünde die Kerze vor mir auf dem Adventskranz an. Es ist das erste Licht, das aufstrahlt in dieser Nacht und ein Leuchten bringt in den dunklen Raum.

Lieder, Hymnen, Gebete

Vor mir am Boden Brot und Wein. Es ist Nacht, die Nacht auf Neujahr. Stille, Schweigen. Ich schreite den Jahresring ab. Um mich herum Tagebücher, Briefe, Notizen, Gedichte, wichtige Bücher, die Bibel. Schweigen. Betrachten. Der Wein, den ich trinke, stammt aus dem Wallis. Das Brot, das ich esse, auch: feuchtes, schweres Roggenbrot. Aus dem val, vallis, dem Tal. Ich bin ein Parzi-val. Eine, die durch das Tal muß, durch das Tal hindurch. Und zuerst ins Tal hinunter. Ich bin auf der Reise, Lebensreise. Mache halt. Raste an einem Übergang. Stärke und erfrische mich für die weitere Reise, die weitere Suche, die weitere

Quest. Vor wenigen Tagen ist mir eine liebe Freundin gestorben, Heide, und ein Patensohn, ein »Gotte-Kind«, geboren worden.

> »Für alles ist eine Zeit,
> eine Frist für alles Anliegen
> unter dem Himmel:
> eine Frist fürs Geborenwerden
> und eine Frist fürs Sterben,
> eine Frist fürs Pflanzen
> und eine Frist fürs Entwurzeln
> des Gepflanzten,
> eine Frist fürs Erschlagen
> und eine Frist fürs Heilen,
> eine Frist fürs Niederbrechen
> und eine Frist fürs Erbauen,
> eine Frist fürs Klagen
> und eine Frist fürs Tanzen,
> eine Frist fürs Schweigen
> und eine Frist fürs Reden . . .«

Ich spreche sie laut, diese Zeilen aus »Prediger«[99], die mir so inbegrifflich wurden für das vergehende Jahr, und schweige wieder, versunken. Da! hell und scharf das Läuten einer Glocke: das neue Jahr hat begonnen, ich bin eingetreten in ein neues Jahr – meine Hände öffnen sich, meine Arme heben sich, und ich bete laut: Segne seinen Anfang und sein Ende, segne meinen Eingang und Ausgang. Und ich rufe an – für mich, für die mir Nahen, mir Fernen, die Kinder, die geborenen und die ungeborenen, die Welt. Ich rufe sie an – die Quelle des Seins, den Schoß aller Dinge, beschwöre sie, die Namenlose, in vielen Namen und bitte um Beistand, Nähe, Nährung, Tränkung, Stärkung, Geleit und Segen.

In dieser Nacht werde ich beim lauten Sprechen gewahr, daß ich Schall aus-strahle, Schwingung aus-sende, Raum ergreife und fülle, Weiten aus-lote. Ich gestalte den Raum im Schwingen meiner Stimme. Ich erschaffe schwingende, im Schall tanzende und vergehende Gestalten. Ich bilde Schwingungs-Bilder aus Hauch und Raum. In diesem lauten Beten wird mir die Gottheit von der zu Erkennenden und Auszusagenden zur Anzurufenden: nicht mehr reden von, reden über, sagen, wie und was und wer, sondern reden zu – Du! In dieser Nacht bin ich Dichterin, Liturgistin, Ritualistin, Beterin, Lobsingerin, Lobpreiserin, Beschwörerin, Anfleherin, Dankerin, Bitterin, Priesterin – bin im Laut meiner Stimme. Lasse mich ver-lauten. Sage mich aus im Anrufen. Und ich staune nicht wenig, als ich später in einem Buch über jüdische Feste lese, daß es im Mittelalter in den jüdischen Gemeinden Europas »liturgical poets« gegeben hat: liturgische Dichter, Liturgien-Dichter, Dichter-Liturgisten, die Lieder, Gedichte, Gebete, Gesänge, Hymnen machten für Feiern und Gottesdienste[100]. Vorfahren. Nachfahrin.

meine gedichte lieder hymnen:
ich möchte sie nicht nur auf papier
schreiben: sagen sprechen möchte ich sie
tanzen klingen schwingen lassen im
raum schallwellen verbreitend

sprache sprechen dichten
wie raum gestalten
mein laut raumschwingung
mein lied raumskulptur
schöpfend aus dem raum und in den raum
sprachbilder – in den raum geschickt
zum singen schweben hallen
widerhallen immer wieder

ich liebe dich raum
gestalt schwingung skulptur
bildhauen kann ich nicht
ich werde bildsingen
bildsprechen
liturgie möchte ich dichten
lieder hymnen gebete
zum sagen hören preisen
flehen bitten loben

jubeln klagen bild
sagen mit mund lippen zähnen zunge
atem und leib und allem
schall und schwingung hinaus
hinein in den raum
heil dir wort im
zwischen

◇

Von einem ähnlichen Erlebnis erzählt Mary
Daly in der Einleitung zu ihrem dritten Buch
Gyn/Ökologie«: beim Schreiben dieser Abhand-
lung sei sie immer wieder wie in Anrufungen und
Gesänge ausgebrochen. Dabei hatte sie das Ge-
fühl, daß die Worte ein eigenes Leben entwickel-

ten, in ihr emporstiegen und aus ihr herausbrachen und sie wie ein Mundstück, wie ein Sprachrohr zu benützen begannen. Die Worte wollten das Schweigen des stummen Schreibens und Lesens brechen und verlangten danach, laut gelesen zu werden. Überhaupt sei sie sich manchmal wie ein Medium vorgekommen, durch das hindurch sich mehr aussagt als bloß ein »Ich«[101]. Ich war erstaunt und irritiert, als ich das las. Wie war das möglich, daß Mary Daly und ich, nebeneinander, durch Meere getrennt, so ähnliche und verwandte Erfahrungen machten, ohne uns zu kennen, ohne voneinander zu wissen? Ein bißchen verrückt und beängstigend fand ich das, aber auch wunderbar.

Da erinnerte ich mich, daß ich als junges Mädchen einmal sehr wütend und enttäuscht gewesen war: kaum hatte ich »entdeckt«, daß die gotischen Holzgewölbe in holländischen Kirchen und Rathäusern aussehen wie umgekehrte Schiffsbäuche, fand ich denselben Vergleich in einer kleinen Schrift über die Kathedrale von Delft. Dieser »originelle« Einfall war also nicht nur »mein« Gedanke gewesen! Bei Daly mischte sich in meinen Schrecken »Was habe ich denn Eigenes zu sagen?« die Erleichterung, daß ich nicht allein bin, daß ich nicht allein »spinne«. Ich erlebte eine interkontinentale Gleichzeitigkeit von Erfahrungen: da liegt etwas in der Luft; offenbar ist es Zeit für solche Erlebnisse und Gedanken, befinden sich viele an verschiedenen Orten auf parallelen Wegen des Suchens und Findens. Wir sind alle von derselben Bewegung bewegt, machen gleiche

Schritte, tanzen ähnliche Figuren, entwerfen verwandte Muster. Wie mit unsichtbaren Antennen sind Frauen verbunden, die auf ihrer je eigenen Reise sind. Als wären wir miteinander vernetzt in einem System kommunizierender Röhren, durch die wir uns gegenseitig Ahnungen, Visionen, Gespürtes zufließen lassen. Wir raunen einander Botschaften zu und vernehmen sie im Säuseln, im Klingen einer Äolsharfe, durch die RUACH weht, die Heilige Geistin, wie und wann sie will. Von daher: Erleichterung, Freude, Ermutigung, Bestärkung. Und zwar zum ersten Mal nicht durch Zugehörigkeit zu einer gefestigten Ordnung, dank Enthaltensein in einem abgeschlossenen Gefüge, das Sicherheit und Geborgenheit gibt um den Preis von Freiheit und Eigen-heit und eigener Entwicklung. Sondern die Erfahrung, daß ich mit anderen die Teilhabe an einer gemeinsamen Tiefe teilen kann, daß jede auf ihrer Quest die andere an-erkennt und unter-stützt, alle begeiste(r)t von der Geistin, die jede erschafft und trägt und belebt und erhält und erhellt auf ihrem Weg, einzeln und getrennt/zusammen. So geschieht, so ereignet sich, weltweit, weibliche Spiritualität.

❖

»Sinne fließen, zirkulieren, auch Botschaften, göttlich kompliziert wie fremde mikrophonetische Zeichen, pochen an die Ohren des Blutes, Tumulte, Rufe, unhörbare Antworten schwirren durch die Luft, geheimnisvolle Beziehungen bauen sich auf. Es ist in dieser unbeschränkten Unterhaltung nicht unmöglich, daß in manchen Momenten zwischen den getrennten, entfernten, ungleichen Mitgliedern des Ensembles Harmonien von unberechenbarem Nachhall aufkommen« (Hélène Cixous[102]).

Der Segen der Ähren-Mutter

Hinreißend finde ich sie, diese Geste, mit der Catharina J. M. Halkes 1978 den Pfingstgottesdienst der Hochschulgemeinde in Nijmegen eröffnet. Hinreißend, wie sie mit erhobenen Armen und nach oben geöffneten Händen in die Kanzel tritt und laut betet – so hat Rembrandt die Prophetin Hanna gemalt, so sah ich in der Bilderbibel von Schnorr von Carolsfeld Moses beten während der Schlacht Israels gegen die Amalekiter, so segnete mein schwarz gewandeter Pfarrer seine Gemeinde. Und nun betet so eine Frau: Tine, Priesterin, geistliche Mutter. Sie predigt über Debora, eine Prophetin, die den Israeliten Recht sprach, die richtete unter der Deborapalme, die Barak ausschickte in den Krieg gegen den Unterdrücker. Und von der es im Loblied nach dem Sieg heißt: Unterdrückt war das Volk, »bis du aufstandest, Debora, aufstandest, eine Mutter in Israel« (Richter 5, 7). Eine Mutter in Israel. Mutter nicht der leiblichen Kinder, sondern Mutter als Richterin, als Prophetin, als Führerin der Ihren. So gibt es noch manche Frau, die Mutter sein könnte in Israel – Frauen, die ungerufen, unberufen geistliche Mütter sein könnten (und möchten) in der Gemeinde, im Gottesvolk. Mütter in

Israel, die ein System patriarchaler Herrschaft hindert an ihrem Beruf, an ihrer Berufung. Geistliche Mütter, Lehrerinnen, Prophetinnen, Priesterinnen.

Seit diesem Gottesdienst achte ich auf diese Gebets- und Segenshaltung. Einmal sehe ich sie in einem Traum, wo ich auf einer Wanderung zu einer kleinen modernen Kirche komme. Sie besteht aus einem einfachen rechteckigen Raum. An der Stirnwand arbeitet ein Künstler an einem Relief. Als ich nach vorne gehe, erkenne ich meinen Vater. Da ich das Relief noch nicht »lesen« kann, zeigt er mir den gezeichneten Entwurf, die Maquette. Es ist eine Gestalt mit erhobenen Armen und nach oben geöffneten Händen. Das Gesicht hat sie zur Seite gedreht und nach oben ausgerichtet auf eine kreisrunde Scheibe: anbetend steht sie unter dem, vor dem Mond. Zu ihrer Rechten und Linken Pflanzen.

Später begegne ich dieser Geste im Israel Museum in Jerusalem wieder. Kanaanitisch ist die Stele aus Arad: sie stammt aus den ersten Jahrhunderten des 3. Jahrtausends vor Christus (2900 bis 2650). Arad – eine Stadt, uralt, am nördlichen Rand des Negev. Den Grabungshügel erblicke ich unter finsteren Wolken, immer wieder aufgerissen von einer grellen Frühlingssonne, die blendende Strahlen auf das scharfe Grün der jungen Saat wirft. Eiskalte Sturmwinde fegen durch die Ausgrabungen, und im Tempelbezirk, in den Boden eingelassen, finde ich ein kreisrundes Taufbecken, ein Ritualbad, einen Weihebrunnen, lasse mich hineingleiten, stehe drin bis zur Hüfte.

Von dort, aus Arad, stammt diese kleine Stele: sie zeigt nicht mehr als eine einfache, Strich für Strich eingeritzte Zeichnung. Strichfigürchen wie auf einem Kinderbild. Aufrecht ein Strich; den Kopf bildet eine Ähre. Deutlich die erhobenen Arme, an den Ellbogen abgewinkelt. Riesige Hände dran, fünf Fingerstriche, weit gespreizt. Segnend, beschwörend. Meinen Frieden gebe ich euch. Aus meiner Fülle gebe ich euch Gnade um Gnade. Nehmt und eßt. Dies ist mein Leib, für euch gebrochen. Im rechten Winkel zur aufrechten Gestalt liegt dieselbe Figur auf dem Boden: waagerecht der Körperstrich, erhoben und abgewinkelt die Arme, die gleichen Hände, derselbe Ährenkopf – mit ein paar Strichen eingerahmt, eingesargt. Wenn das Weizenkorn nicht stirbt. Cum vera putrefactione. Stirb/Tod/Faulung und Werde/neues Keimen/neues Fruchtbringen. Jahr für Jahr. Immer wieder. Geheimnis des Lebens. Geheimnis des Brotes. Geheimnis des Glaubens. Uraltes, immerneues, immergleiches Geheimnis.

Fast fünf Jahrtausende liegen zwischen dieser Stele und mir. Späte Neusteinzeit und Atomzeitalter. Einerseits: ungeheure, unermeßliche Ferne, und andererseits: der ewiggleiche Kreislauf von Stirb und Werde, unverändertes und unabänderliches Lebensgesetz aller Geschöpfe, Gestalt und Ablauf von Pflanzen und Menschen, Urgeschehen in Leib, Geist und Seele. Symbol geworden im Weizenkorn und in Christi Tod und Auferstehung hier im israelisch-syrisch-mesopotamischen Ursprungsland von Weizen und Gerste. Demeter und Persephone. Ähren-Mutter, die sich uns darreicht im Brot des Lebens von Ewigkeit zu Ewigkeit und immerdar. Urgrund. Mater. Matrix. Mutter des Lebens. Letztlich ist nichts als diese unendliche Fruchtbarkeit.

Von daher wohl die Symbolkraft des Brotes, der Ähren, des Korns. Aus reinem Gold hat ein griechischer Goldschmied in der Zeit zwischen 350 und 300 v.Chr. einen Halm mit drei Ähren nachgebildet. Ich fand dieses Bild in einem Büchlein über die Mysterien von Eleusis. Darin legt Albert Hofmann, der Erfinder des LSD, die These vor, daß den Einzuweihenden während der Mysterien ein Trank mit einem halluzinogenen Wirkstoff aus Mutterkorn gereicht wurde[103]: Rausch der Einweihung, Rausch der Schau, der Ein-Sicht in die Mysterien des Lebens.

Nackt steht auf einem griechischen Relief der Jüngling Triptolemus, der Dreimalpflüger, zwischen den hoheitsvollen, ihn überragenden, in fließende Gewänder gehüllten Göttinnen Demeter und Persephone. Er hebt seine Hand empor, und Demeter reicht ihm die drei Ähren. Die Frauen-Göttinnen geben dem Sohn-Menschen das Korn, das Brot, das Leben. Sie lassen ihn hervorgehen aus und teilhaben an ihrer Fruchtbarkeit, an ihrer Fülle. Auch Apuleius, der Dichter, schaut Isis, die Mutter Natur und »Herrin über alle geistigen Dinge«, mit Ähren in ihrer Hand.

In der »vecchia religione«, im alten Glauben, den in der Toscana die Hexen am Leben erhalten haben, gibt es einen Zauberspruch auf das Mehl, den ein englischer Forscher am Ende des 19. Jahrhunderts aufgeschrieben hat:

»Scongiuro te, o farina
Che sei il corpo nostro – senza di te
Non si potrebbe vivere – tu che
Prima di divenire la farina,
Sei stata sotto terra, dove
Sono nascosti tutti i segreti.«

*»Ich beschwöre dich, o Mehl, das du unser Leib
bist. Ohne dich könnten wir nicht leben. Du, das
du, bevor du Mehl wurdest, in der Erde warst, wo
alle Geheimnisse verborgen sind.«*[104] Verborgen in
der Erde. Gestorben und auferstanden. Novem-
bertod und Ostergeburt. Ähre geworden, Mehl
und Brot – Mehl, das du unser Leib bist. Ewiger
Kreislauf von Stirb und Werde – väterlicherseits
stamme ich aus einer Bäckerfamilie. Mein Großvater war Müllereivertreter. »Mehl-Hans« nann-
ten sie ihn.

SOMMER
glutwind
bricht mich auf
wie schoten
samenkapseln platzen ich
berste aus allen ringen der
abwehr

glutheiß
schließt mich auf
wie körner
harte hüllen weichen ich
koche im hohen ofen der
wandlung

gluthauch
wirft mich auf
wie hefe teig
der laib zum rund geformt geht
endlich auf im feuer werd ich
brot

O edelstes Grün!

Palmsonntag im Kloster Ingenbohl in der Innerschweiz. Inmitten eines frühlingsgrünen Waldes über dem Vierwaldstättersee, inmitten einer feuchten Bergwiese hinter dem Kloster lese ich den Lobgesang Hildegard von Bingens auf die grünende Keimkraft des Lebens und schwinge mit in immergleicher/immerneuer Frühlingsfreude. Es ist April, von dem die Kloster- und Kräuterfrau, die Heilerin und Prophetin aus dem 13. Jahrhundert, schreibt: »Der vierte Monat ist voller Lebensgrüne und Wohlgeruch.«[105] In ihrer Schau durchzieht die Grünkraft den ganzen Kosmos, macht die Erde fruchtbar und wirkt in allen Zeugungsvorgängen, drängt empor im Geschlechtsleben der Menschen. Und hinter aller Grünkraft erkennt Hildegard die gleiche Urheberschaft: »O du grünende Lebenskraft aus Gottes Hand, mit der Gott Seine Pflanzung gesetzt hat!«[106] Leib, Geist, Seele – sie alle durchzieht, belebt die gleiche Grünkraft. Schwangerschaft und Geburt als leibliches und seelisches Geschehen sind ihr Werk. Wachstum und Heilung, Fruchtbarkeit der Erde und Hervorbringen des Geistes: Grünkraft aus Gottes Hand. Kosmos und Mensch

– beide hervorgegangen aus der ursprünglichen, schöpferischen Grünkraft, aus der sie stets neu hervorgehen, aus der »power of being«, der immergrünen Seins-Mächtigkeit:

> »O edelstes Grün,
> du wurzelst in der Sonne,
> strahlst auf in leuchtender Helle
> in einem Kreislauf,
> den kein irdisches Sinnen begreift:
> Du bist umfangen
> von den Umarmungen der Geheimnisse Gottes.
> Du schimmerst auf wie Morgenrot,
> Du glühst in der Sonne Flammen!«[106]

Dieses Lied, dieses Carmen von Hildegard jubelt in mir, als ich mit den Schwestern von Ingenbohl, einen Ölzweig in der Hand, am Palmsonntag den Klosterhof umschreite. O edelstes Grün! Dieses Lied wird immer wieder laut in jener Feier, in der ich Weltfrau mit Klosterfrauen aus verschiedenen Orden meditiere über das Grün – schweigend vergegenwärtigt sich jede ihr Grün, und dann tauschen wir unsere Bilder und Gedanken aus: Grün – tiefste Verbundenheit mit Mutter Natur, Zeichen letzter Hoffnungen und Entfaltungsmöglichkeiten, Inbegriff der schöpferischen Kraft. Hell leuchtet in unserer Mitte ein Kranz grüner Kerzen. O edelstes Grün! An einem Wochenende der »Arbeitsgruppe Feministische Theologie« fällt in unsere Stille hinein das Wort vom lebendigen Geist, der ausgeht und grünender Leib wird und seine Frucht bringt[4], immer wieder, und

unser Schweigen nimmt es auf wie ein wohlbe-
stellter Acker. O edelstes Grün!

Mir ist, als hätte ich mit diesem Grün den
Ur-Grund, den Grund-Ton, die Grund-Lage, die
Grund-Kraft gefunden, von wo her sich alles ergibt, den Ursprung, dem alles entspringt, die Ur-
Energie, der alles entströmt. »Cum viriditate tua
facis diversos colores apparere.« *Mit deiner Grüne,
deiner Grünkraft, bringst du, Natur, die verschiedenartigen Farben zum Erscheinen.* Als ginge mit der
Grüne ein volles, buntes Leben auf. So wie im
Frühlingsgrün die ersten Blumen und Blüten auf-
scheinen und einmal mehr ein neuer Kreislauf
von Blüte und Frucht und Reife und Ernte seinen
Anfang nimmt.

❖

Grünkraft, das ist Energie, Dynamik. Nichts
als Energie. Die Energie selbst. Da ist nichts mehr
dazwischen an menschenähnlichen, vermitteln-
den Bildern. Nur noch power. Energie. Ich erinnere mich an eine Freundin, Theologin, der beim
Taufen die männlich-trinitarische Formel nicht
mehr über die Lippen wollte, die sich verhed-
derte wie eine unerfahrene, schüchterne Prakti-
kantin. »Eigentlich hätte ich am liebsten getauft
auf den Namen der Mutter, der Tochter und der
Heiligen Energie«, erzählt sie, »und ich mußte
mich sehr beherrschen und kontrollieren, daß ich
es nicht dennoch tat, daß es nicht spontan als
Versprecher aus mir herauskam.« Die Heilige
Energie. Energie, Quelle der Energie. Das Heilige
schlechthin: Lebensenergie, der ich entspringe,

der ich mich verdanke. Der ich nur danken kann. Nichts als danken, weil ich mich von daher empfange, mich aus ihrer Hand nehme, Tag für Tag, Atemzug für Atemzug. Ich kann nicht leben, ohne unablässig zu nehmen, ohne mich unablässig zu nehmen, der Energie zu ent-nehmen.

Ich träume von einer marmornen Brunnenschale, rötlich-rosa-gelblich wie das Baptisterium von Parma, aus deren Mitte der Quell entspringt und strömt und fließt. Und hingezogen mit Macht beuge ich mich über die weite, kreisrunde Schale, über das Quellen in der Mitte – und erblicke im Brunnen mein eigenes Gesicht, meine Gestalt, mit weit geöffneten, erhobenen Armen, den Quellpunkt in der Mitte meiner Brust, mitten im Herzen. Ich empfange mich – mitten aus der Quelle des Seins. Aus deiner Fülle, Quelle, Energie, nehme ich Gnade um Gnade, immerzu ...

❖

»Wir müssen respektieren, empfangen zu können ... Empfangen ist eine Wissenschaft der Frau. Empfangen können ist die beste Gabe. Das ist die politisch-poetische Praxis. Wir müssen über die Frage des Empfangens-als-Gabe nachdenken: wer gibt? wem? Die Gabe des Lebens darf nicht von der Wurzel abgeschnitten sein. Wir dürfen nicht das Mütterliche vergessen. Wir müssen Frau sein, das heißt die Gabe des Lebens zirkulieren lassen, im Kreislauf der Gabe sein, unaufhörlich an den Ursprung erinnern« (Hélène Cixous[107]).

❖

Wenn ich meine Farben-Biographie betrachte, dann war mir Grün eigentlich nie eine liebe und wichtige Farbe. Als junges Mädchen kleidete mich meine Mutter in Dunkelblau: Blazer und karierte Faltenröcke gaben eine gute Schuluniform ab. Später kamen dunkelblaue Kostüme mit hellblauen Pullovern dazu. Nach der Revolte gegen das Blau (und die Mutter) kamen das Orange, leuchtend und hell, ein dunkles, warmes Braun und ein strahlendes, reines Weiß. Später wuchs ich hinein in Violett und Lila, Weinrot und Rosa. Nur einmal, in einem Augenblick übermütiger Lebenslust um meinen dreißigsten Geburtstag herum, kaufte ich mir einen grasgrünen Sommerpullover. Er paßte zu einem in der Grundfarbe violetten, vielfarbig bedruckten Rock, in dessen Muster auch ein paar Striche giftiges Grün herumtanzten, was ich plötzlich mit Vergnügen zur Kenntnis nahm. Aber sonst: Grün? Tannengrün, Olive – ja, das kam vor, dunkel und gedämpft – aber Hellgrün, Grasgrün, Pflanzenfarbe? Das stand mir doch nicht zu.

In meinen Traumtagebüchern kommt das Grün in den letzten Jahren jedoch immer häufiger vor. Da erscheint ein Berg, kegelförmig und durchscheinend zartgrün. Da gehe ich durch eine sattgrüne Wiese mit wiegenden Halmen und leuchtendem Klatschmohn dazwischen. Und endlich öffnet sich die Schlucht in die grüne, sonnige Hügellandschaft hinein. Zweimal male ich einen Baum. Der erste steht in einer verschneiten Landschaft. Seine Wurzeln liegen verborgen und gewärmt unter dem Schnee. Seine Äste tragen weiße

Kissen. Die Verletzungen und Wunden abgehauener Triebe, abgebrochener Äste und wüst verstümmelter Zweige sind unter dem Schnee versteckt. Neue Zweiglein und schwellende Knospen verbergen sich unter weichen Schneepolstern. In der Erde liegen Samen, aus denen in einem hellen, lichten Grün Keime hervorsprießen. Unter dem Baum schneckelt sich eine große grüne Spirale empor, die aufsteigt durch den Schaft, den Stamm hinauf und hinaus in alle Äste und bis in die Spitze des kleinsten, fernsten Sprosses: Grünkraft, grünende Keimkraft, Lebensstrom, Lebenssaft, aufsteigend, empordrängend, hervorbrechend, überquellend! Ja, ich will! Ja, ich komme!

Zwei Jahre später male ich den Baum wieder. Inzwischen steht er in einer Sommerlandschaft auf einem Hügel. Seine Stamm-Wurzeln greifen tief hinein ins goldene Herz der Erde und reichen hinunter bis zur Quelle. Die Wurzeln zur Rechten und zur Linken schlingen sich um die Felsen des Hügels. Die Flanken des Hügels sind bedeckt von saftig frischen Wiesen, zwischen denen graue und rote Felsen hervorschauen. Ein steiniger Pfad führt vom Baum den Hügel hinunter und trennt ein reifendes Weizenfeld von einem fruchttragenden Weinberg. Dann biegt er hinaus in die Landschaft, hinaus in die Welt. Der Baum steht fest auf der Mitte des Hügels. Auf seiner linken Seite: erloschen und welk ein Ast, der zu jung Früchte trug, klein, grün, unreif. Daneben, schwarz und sperrig, ein abgestorbener Ast. Neben ihm schießt ein ganz anderer Zweig empor: leuchtend orange und dick voll Knospen. Von der Mitte an trägt die

Krone des Baumes, ruhig und weit ausholend,
Früchte – Granatäpfel, kleinere und größere, dunk-
lere und hellere.

PARDESS
blaue pflaume
gelbe pflaume
grüne pflaume
rote pflaume
öl und mandel
mauer drum ein
paradies
vor totem wall
toter stadt
wächst der
apfel granat

Pardess: eingefriedeter Obstgarten. Unser »Paradies« stammt vom altpersischen »pairi-daeza«
– eingezäunter Platz.

Lebenssatt dahinwelken

In einem Bericht über eine Frauentagung an
einer deutschen Akademie las ich fasziniert, wie
eine Gruppe von Frauen zusammen einen Lebens-
baum gemalt hat, einen Baum in allen Jahreszeiten vom Aufblühen übers Fruchttragen und Reifen bis hin zum »lebenssatten Dahinwelken«.
Lebenssatt dahinwelken – das traf mich mitten
ins Herz. Ja: das möchte ich einmal. Lebenssatt
sein. Des Lebens satt. Vom Leben satt. Und stern-
klar blitzt mir auf: lebenssatt werde ich nur wer-

den, wenn ich – dem Lebensgesetz gehorsam – alle Stufen und Phasen des (Baum-) Lebens durchschreite. Wenn ich mich weigere weiterzugehen und in meiner Blütenpracht verharren will, dann sterbe ich ab, statt Früchte anzusetzen, dann versäume ich das Leben, dann verweigere ich mich dem Lebensgesetz. Dann werde ich nie lebenssatt sterben können, sondern sterbe, wie alt an Jahren auch immer, mit dem Gefühl, um das Eigentliche herumgekommen zu sein, es verpaßt zu haben, ihm aus dem Weg gegangen zu sein. Ich selber würde mich um das Leben gebracht haben; ich selber würde mich um-gebracht haben. Die Alternative ist eigentlich ganz einfach: leben um den Preis des letzten Todes und vieler kleiner Tode vorher, mit Ängsten und Schmerzen und nicht nur Freuden, mit Abschied und Wandlung, Unbeständigkeit und Entwicklung. Oder schon zu Lebzeiten tot sein, erstarren, verharren, unbeweglich sein, versteinern, für gut befundene Situationen und Zustände ein für allemal festhalten, bewahren, stabilisieren wollen, weil es so schön und so bequem und so sicher ist.

Mit dem Erwachen meiner Sehnsucht nach lebenssattem Dahinwelken habe ich den Entscheid gefällt: ja, ich gebe meine jungfräuliche Frühlingsblüte auf und werde Frau und Sommer und Frucht. Und ich weiß mich eins, fühle mich verbunden mit dem Kreislauf der Jahreszeiten, mit dem Rad des Jahres, das sich immerzu dreht: da ist die Tagundnachtgleiche im Frühling – eine Sekunde nur, eine Schwebe, ein Augenblick, wo die Waagschalen von Tag und Nacht gleich schwer, gleich

leicht sind, und schon schwingt aus dem Gleich-
gewicht das Pendel des Tages über die Nacht
hinaus und steigt und wächst und nimmt zu bis
Johanni, bis zur Sommersonnenwende, wo im
Elsaß noch die großen Feuer lodern – crémation
de la bûche de la St. Jean, wird da inseriert von
einem kleinen Dorf –, und dann, wenn der Sommer anfängt, im Sommer selber, werden die Tage
Tag für Tag wieder ein wenig, aber merklich kür-
zer, und wenn die Schalen wieder gleich stehen
einen Atemzug lang, dann treten wir ein in den
Herbst und das Ernten und Feiern und Danken,
und die Nebel steigen und die Blätter fallen und
die Abende werden länger und die Nächte dunk-
ler und die Sterne leuchten und es wird Nacht um
uns bis zu ihrem Höhepunkt, wo die Bewegung
wieder kippt, wieder umschlägt, und in all diesem Werden und Wachsen und Weiter ist kein
Halt, kein Innehalten, kein Ende, kein Einfüralle-
mal, kein grundsätzlich und eigentlich und für
immer richtig, sondern nur dies Immerzufließen
– und ich selber bin mit diesem Satz, mit diesem
Schreiben mittendrin in diesem Fluß und kann
gar nicht anders als mitfließen: entweder ich bin
in Bewegung – oder ich bin nicht. Es bleibt mir
gar nichts anderes übrig, als mich hinein-zu-geben,
als mich hin-zu-geben –

◇

»Wie bezeichnend, daß die Sprache die Seele,
die vom Tode her zu leben nicht wagt, als feig, das
heißt scheintot, tot bezeichnet! Das seelische Leben erwacht eben nur in dem, der das Gesetz des

Todes und der Krisen tapfer bejaht. Begriffe und Abstraktionen ergeben eine feige Lebensanschauung. Ereignisse und ihr beherztes Ins-Auge-fassen eine tapfere. Die Krisis aber ist ein vorweggenommenes Stück Tod« (Eugen Rosenstock-Huessy[108]).

❖

Wenn Älter- und Altwerden und das Sterben ein lebenssattes Dahinwelken sein können, dann müßten Alter und Tod, Beerdigen und Denken an die Toten und an den Tod anders aussehen. Ich erinnere mich an einen Totentanz, den eine Jugendgruppe in der Niklauskapelle des Basler Münsters aufgeführt hat: der Tod war eine weibliche Gestalt, die die Menschen, vom kleinen Mädchen bis zur Greisin, abgeholt hat, manchmal jäh und überraschend, manchmal mit sehr lieben und zärtlichen Bewegungen. Es gibt ägyptische Sarkophage, in denen eine Magna-Mater-Göttin auf dem Boden des Sarges liegt und ihre Arme an den Sargwänden emporstreckt: so nimmt sie den verstorbenen Menschen auf in ihren Schoß. Mir als Tochter wurde vor dem Versiegeln die rötliche Tonurne mit der Asche meiner Mutter gereicht: Erd-Uterus, der ihre sterblichen Überreste wieder aufnahm, zurück zur Mutter, zurück in den Schoß. Aufgehen im Urgrund des Seins.

Vor vielen Jahren fühlte ich bei einem Autounfall, wie ich hinausgewirbelt wurde, hinausgeschleudert durch schwarze Schwärzen, hinausspiralende Räume bis an den Rand eines runden Korridors, wo die Bewegung plötzlich zum Stillstand kam. Ein Halt wurde da gerufen. Ich mußte, konnte, durfte zurück. Noch war jener Über-Gang nicht fällig, von dem Eva Ehrenberg 1929 auf den Tod von Franz Rosenzweig schreibt:

> »Ein Augenblick nur noch, sie gleiten
> schon zwischen Himmel und Erden –
> die Tür ist offen!
> Der Strahl hat sie getroffen,
> sie sehen, sie spiegeln das Glänzen
> des Lichtes jenseits unserer Grenzen
> der Ruf erreicht sie! ›Flieg!‹
> Ihre Seele hat ihn vernommen –
> o der staunende drängende Blick!
>
> Das ist das Glück,
> das ist der Sieg,
> ihre Augen jubeln: ›Wir kommen!‹
> Vielleicht, daß sie auf einmal jene sehn,
> die von der Erden vor ihnen gingen –
> ausgelöscht die Zeiten
> in einem Augenblick. Von allen Seiten
> kommen die weh verlorenen gegangen,
> sie zu empfangen
> und zu geleiten
> daß sie nicht bangen,
> wenn sie verwandelt werden.« [109]

Dieses Geholtwerden, dieses Zurück-zur-Mut-ter weckt in mir die Erinnerung an den Tod des Prinzen im Roman »Der Leopard« von Leonardo Tomasi di Lampedusa. Stundenlang hat der ster-bende Fürst das Gefühl, daß das Leben mit donnernden, tosenden Wellen aus ihm herausstürzt. Seine Familie steht um das Sterbebett. Da schreitet unvermittelt eine schöne junge Frau durch die Wartenden hindurch auf den Principe zu; er hatte sie kurz zuvor am Bahnhof gesehen. Es ist also Zeit zur Abreise. *Als sie ihn erreicht hat und von Angesicht zu Angesicht vor ihm steht, hebt sie den noppenbesetzten braunen Schleier hoch und beugt sich über ihn: und endlich schaut er sie – er, der Astronom, sie, die je schon, die immer Begehrte: nun kommt sie, kommt zu ihm, um ihn zu nehmen, zu holen: ganz keusch, aber bereit, besessen zu werden, erscheint sie ihm – schöner, als er sie je in den Sternenräumen erahnt hatte.* »Giunta faccia a faccia con lui sollevò il velo, e cosí pudica, ma pronta ad esser posseduta, gli apparve piú bella di come mai l'avesse intravista negli spazi stellari.«[110] Und das Donnern des Meeres hört mit einem Schlag auf. Sie, die Königin, die Himmelskönigin, die Mutter, der Ursprung, sie ist gekommen, ihn zu holen – ihn dahin zu holen, wohin ihn seine Sehnsucht schon immer gelockt hat.

Die Mutter hat uns hervorgebracht. Die Mutter holt uns zurück. Wir gehen heim, wir kehren zurück zum Ursprung allen Lebens, münden in die Quelle, der wir entspringen. Der Kreis schließt sich. Die Gestalt rundet sich. Was ist davon zu spüren in unseren Bestattungsritualen? Wo klingt so etwas an in Todesanzeigen und Beerdigungsfeiern? Von Frauen, die in Amerika einen engen Kontakt zur Frauenbewegung hatten, hörte ich die Geschichte einer lebenslustigen, lebenstüchtigen und lebensmutigen Frau, einer frommen, aber

unorthodoxen Katholikin, die nach ihrem Tod
eine Champagnerparty geben ließ, damit alle ihre
Freunde und Bekannten noch einmal voll Freude
und Dankbarkeit ihr reiches und erfülltes Leben
feiern würden[111]. Mich rührt auf Friedhöfen ein
Bild, das gelegentlich auf alten Grabsteinen zu
sehen ist: Christus, der durchs Kornfeld geht und
die reifen Ähren bricht. Sterben als Ernte. Gottes-
Acker. Lebenssattes Dahinwelken zu seiner Zeit.

o brich mich nicht
vor meiner zeit
lebenssatt erst
heiß mich gehen
heiß mich kommen
Mutter dann will
ich lebenssatt los
lassen aber noch
hungre ich dürste
ich nach nehmen
geben schaffen
wirken schauen
leben
mich lüstet sagte
sie mich lüstet nach
leben laß mich lüsten
Mutter bis zur
sattheit dann Mutter
dann ruf

Kein Gelobtes Land

Das Bild der Lebensreise beschäftigt mich schon lange. Das Gefühl, daß ich die Lebensreise bewußt angetreten habe, verbindet sich mit jenem Traum, in dem ich einen goldenen, sonnenbeschienenen Weg vor mir sehe, der aber zu meinem Entsetzen abwärts führt, hinunter in eine weitläufige, dunkle Berg- und Tal-Landschaft. Unzählige Ketten von Hügeln und Vertiefungen dazwischen, in denen sich der Weg verliert. Dahinter erhebt sich hell und grün und kegelförmig ein hoher Berg. Im Traum ziehe ich eine Bleistiftlinie um diese Aus-Sicht und stehe nun im Tor, in der Pforte, auf der Schwelle meines Hauses, um hinauszutreten, um den Weg anzutreten – den Weg hinunter, hinab in die Täler, in die finsteren Hügel, aber dennoch: die via aurea, den goldenen Weg zum leuchtenden Berg. Aufgebrochen bin ich in der Erwartung, daß ich nach der Berg- und Tal-Wanderung das Gelobte Land erreiche, den Berg besteige: »Die Himmelspforten öffnen sich, Der Heil'ge Berg erscheint«, heißt es im Schlußchor von Haydns »Jahreszeiten«.

Im Verlauf meiner Reise erweist sich diese Erwartung jedoch als unrealistisch. Allmählich beginnt mir zu dämmern, daß es das Gelobte Land nicht gibt. Exodus, Wüste, Wanderung – das ja. Aber kein Gelobtes Land. Das Paradies ist für immer verloren. Der hellgrün durchscheinende Berg auf meinem Traumbild ist kein Berg wie die andern in dieser Landschaft: er ist »ein anderer Ort«. Er ist nicht das Ziel, das ich ein für allemal erreichen kann; er ist der Gipfel, den ich zwar immer wieder besteigen mag, den ich aber auch immer wieder verlassen muß. Das Ziel – das ist der Weg selber. Der Weg ist der Zweck, der Sinn. Der Berg – das sind die hohen Augenblicke auf dem Weg. Die Oasen in der Wüste. Die Einsichten, die Durchblicke. Die Sternschnuppenstunden.

Ich finde es verdrießlich, aber es scheint wirklich so zu sein: nichts zu erwarten als eine lebenslange Wanderschaft, in der es kein Ziel, kein ein für allemal zu Erringendes gibt. Es gibt – zu Lebzeiten – keinen Ausweg aus dieser Berg-und-Tal-Wanderung, aus dem ewigen Auf und Ab, dem endlosen Stirb und Werde! Ich muß mich dem Gesetz der unaufhaltsamen, unablässigen Schwingung, Bewegung, Entwicklung beugen. Ich bin im Fließen wie der Mond mit seinem Wachsen und Vollsein und Abnehmen, seinem Schwarzsein und Wiederkommen. Und da ist nie ein Halten, kein Stocken und kein toter Punkt, sondern immerzu Bewegung – meinen 35. Geburtstag, meine Mitte des Lebens, feiere ich im Land Kanaan, auf dem Berg Kanaan. Zum Fest ein Fisch aus dem See Genezareth. Brot und Wein aus Heiligem Land. Oase. Geschenk. Rast. Aber kein Gelobtes Land nun und immerdar. Ein Halt bloß auf einem endlos spiralenden Weg, ein Atemholen.

AUF HEILIGEM BERG

leises schimmern auf silberner kuppel
wölbung
sanftes schwingen der palmen im
bergwind
goldenes prangen der kuppel im
flutlicht und gläsern und seidig
das blaugelb der kacheln
felsendom du
schönster auf heiligem
berg

zu füßen singsang im schwarzen
kaftan totenklage voll weh vor
uralter mauer des tempels
männer im reigen der hochzeit sich
ringelnd aufstampfend im ewigen
umgang des lebens
hochschwanger und abgesondert vor
ihren steinen die frauen sich
wiegend auf heiligem
berg

der kuppel dem rundbau zu wölbt
sich mein herz
felsendom du
schönster hüt ihn
den ort der auffahrt den
hort des abstiegs auf und ab und
auf wo sein und seele hochzeit
halten von ewig her auf heiligem
berg

Auf meiner Berg-und-Tal-Wanderung ist mir auch die Begrifflichkeit von oben und unten fragwürdig geworden: »Tiefster Grund/hochhimmlisch Rund« lobpreist der jüdische Dichter Jehuda Halevi in seiner mystischen Weltschau[112]. Aber mich hatte das Traumbild mit dem Weg nach unten erschreckt. Abstieg, Niederungen, Tiefen, Un-Tiefen. Angst und Gefahr. Das wollte ich doch nicht! Empor zum Licht. Aufsteigen. Hinauf. Immer weiter. Das wollte ich. In einem späteren Traum sehe ich wie auf einem abstrakten Gemälde viel Schwarz – Striche, Teerwürste, Balken, Bretter, ganze Barrikaden von Schwarz – und eine Stimme, die mir sagt: du mußt alles sich auflösen lassen, du mußt alles fließen, weg-fließen lassen, dann geht dir von unten, in der Tiefe, die Sonne auf. Es ist die Nachtmeerfahrt, die zur Wiedergeburt führt. Stirb und Werde. In der raum- und zeit-jenseitigen Geographie der Seele führt der Weg »hinauf zum Urgrund«[113] und hinab auf den Berg, und die Sonne geht in der Tiefe auf.

In diese Geographie bin ich nie eingeweiht worden. Diese Wege wurden mir nicht gezeigt. Im Gegenteil. Nach oben streben: moralisch, geistig, sozial. Das Helle, das Gute, das Edle wollen. Nicht hinab, nicht abwärts, nicht in die Tiefe, die Niederungen, die Abgründe. Nein zum Dunklen, Schlechten, Bösen. Auch Gott war ja nur rein, gut, edel, hell, Liebe. Ihm galt es doch nachzustreben, ihm sich anzugleichen. Also alles fein säuberlich trennen und dem Einen nachfolgen. Ziel: Sieg des Guten über das Schlechte. Pflicht: nichts weniger als Vollkommenheit.

Ich hatte versucht, so zu denken und so zu handeln – ein Unterfangen, das mich zuerst in eine heillose Verkrampfung und dann in den Zusammenbruch führte. Zur Zeit des schlimmsten »Stirb!« träumte ich, daß ich mit großer Mühe, aber mit Gelingen, die vier Arme eines gleichschenkligen Kreuzes zusammenfüge, das Mandala, das Symbol der Ganzheit, zusammensetze. Unten und oben. Rechts und links. Tag und Nacht. Hell und Dunkel. Gut und Böse. Sonne und Mond. Nord und Süd. Ost und West. Ich füge alles zusammen, alles in-eins. Verbinden statt trennen. Vereinigung statt Auseinanderreißen. Vollständigkeit statt Vollkommenheit. Coincidentia oppositorum. Hochzeit der Gegensätze. Unio mystica. Kreuz im Kreis – das Zeichen der uranfänglichen Göttin des Beginns[114].

Unio mystica: Versenkung und Ekstase

Nach »Kontakt mit dem Göttlichen oder Transzendenten« (so umschreibt die Encyclopaedia Britannica das Wesen der Mystik[37]) hatte ich mich schon als junges Mädchen gesehnt. Aber früher suchte ich »Erkenntnis des Herrn« auf dem Weg des rationalen Erkennens und las theologische Bücher. »Erleuchtung« stellte ich mir als eine Art hell-lichte Explosion im Kopf vor. Heute erlebe ich Offenbarung in Erfahrungen der Vereinigung. Unio. Coincidentia. In Erfahrungen der Versenkung. Atem-Meditation. Bildbetrachtung. Aufgehen im Sehen. Mich ganz vergessen im Lesen, im Schreiben. Etwas hören, schauen, betasten, riechen können – ganz daran hingegeben, nichts anderes mehr. Inneres Schweigen. Manchmal bewußt eingeleitet, manchmal ein plötzliches Innewerden, unverhofft, ungeteiltes Gegenwärtigsein:

ABEND
knatternd vom band
muezzims stimme
lila verfärbt
blau des himmels
wo mondsichel
silbert
farben des pfirsichs
wo sonne
zuvor
knatternd vom band
muezzims stimme

Unio auch im Hinauswirbeln über die Ränder von Ich, Bewußtheit, Raum und Zeit in der Wohl-Lust, im perlmutterglänzenden Sphärenklang der Ekstase, im Aufgehen ineinander und im gemeinsamen Urgrund, im hohen Lied der kleinen Tode:

WANDLUNG
was hält mich
wenn meine grenzen
über dir bersten
mein Ich im feuerofen
vergeht und zerstiebt
in kupferne funken
dich zu speisen

was hält dich
wenn deine wolke
bricht deine taue sich
lösen und in pfeilschneller
fahrt der purpur
aus deinem saum stürzt
mich zu tränken

halt uns dann
Deine küste hin
damit wir im fluten
nicht stranden
hüll uns in Deinen
regenbogen damit wir nicht
ins nichts zerschellen
sondern an neuen ufern
verebben

In solcher Unio erfahre ich mich als Ganze:
Leib, Geist, Seele – ganz. Manchmal könne er
zunächst nur mit dem Körper beten, las ich in
einem Buch von Frère Roger, Abt von Taizé.
Manchmal könne er bloß dasitzen, nur mit seinem Körper da sein, in seinem Leib still werden –
und plötzlich bete es dann aus ihm heraus. Wenn
ich nach stundenlanger Bergwanderung in tiefem
Schweigen hingerissen in die Blumen auf der Alp
schaue und in mir der Satz von Angelus Silesius
aufsteigt: »Die Ros ist ohn warum, sie blühet,
weil sie blühet« – wie sollte da mein Körper von
diesem Offenbarungsgeschehen ausgeschlossen
und die »unio mystica«, die »participation mysti-
que«, ausschließlich Sache meiner Seele sein? Und

wie sollte, wenn ich liebe/leibe, nicht in jedem Stück Haut auch meine Seele mittasten und in jedem Atemzug auch mein Geist mitschwingen? Wie sollte ich mich, wie sollte ich diese meine eigene Dreifaltigkeit auseinanderschneiden? Versunken oder hinausgeschleudert: als Ganze habe ich teil am Urgrund des Seins. Und in beidem, auf beiden Wegen, erlebe ich: »Der Ursprung der Religion bleibt im Obersatz der ›mystischen Hochzeit‹, der Vereinigung von Gott und Mensch und Welt, von Ich und Du und Es« (Eugen Rosenstock-Huessy[115]).

Und so war denn einmal, blitzartig, im Vergehen, als mir das Gesicht des Geliebten verglomm in Garben von Licht, die Ahnung da: jetzt gibt es nur noch eines: direkt, un-mittelbar, ohne Mittler und Vermittlung, von Angesicht zu Angesicht: »Schaun einst werd ich, des Leibs los, Ihn auch-/ In dessen Hand allen Lebens Hauch« (Jehuda Halevi[113]). Oder wie es unsere Schwester Lady Juliana of Norwich sagt: »Alles, was weniger ist als Er« – weniger als die unerschöpfliche Quelle des Seins, der Urgrund des Lebens –, »genügt uns nicht.«[93] Letztlich genügt es uns nicht. Nur vorläufig müssen wir uns am Weniger, am Mittelbaren, genug sein lassen. Letztlich, am Ende, wird das Un-Mittelbare sein. Aber jetzt noch nicht.

GEBURTSTAG
oleander, weiß, am felsen
überhängend
höhle, dunkel, im hellen stein
tiefschlundend

wasser, blaugrün, im quellsee
breitufernd
taube, sandgrau, aufflatternd
vom grund

o schwimm nicht in die
quelle
halt ein vor der
höhle
faß die kühle
die aufsteigt
dich quellfrisch
umfließt –
laß dirs
genügen

Ich gehe

Es ist viele Jahre her, sehr viele. Er war ein alter,
weißhaariger französischer Gelehrter. Er kam aus
dem Ausland zu einem Kongreß nach Basel. Er
dachte nicht daran, sich den ganzen Tag Fachrefe-
rate anzuhören. Er bat mich, ihn in die Stadt zu
begleiten, wo er sich schöne lederne Hausschuhe
kaufte. Dann tranken wir in einem alten Zunft-
haus Wein. Er bat mich um ein Stück Papier. Ich
hatte nur eine Karte bei mir, auf die ich ein Stück
Erde und hohes Gras und ein paar rosarote Blüten gemalt hatte. Auf die Rückseite schrieb er:
»You cannot find the way of Wisdom if you don't
follow the way of excess.« *Du kannst den Weg der
Weisheit nicht finden, wenn du nicht den Weg des
ex-cedere, des Hinaus-Gehens, des Hinaus-Schrei-*

tens, des Aus-Gangs, des Aus-Schweifens, des Aus-Lebens, des Lebens gehst! Er gab mir die Karte zurück – wie eine Boarding Card, ein Ticket, eine Eintritts- und Zulassungskarte, Wegweiser und Landkarte, Paßwort und Schlüssel: als hätte er mir einen Schatz vermacht.

Er hatte. Nur wußte ich den Schatz noch nicht zu heben, die Truhe noch nicht zu öffnen. Inzwischen habe ich erfahren: geh aus, und du magst, was keineswegs sicher ist, den Weg der Weisheit finden. Aber wenn du drin bleibst, wenn du enthalten bleibst, wenn du dich nicht aufmachst, dann wird dir der Weg der Weisheit unerschlossen, verschlossen und verborgen bleiben. »You have to do it yourself. That's what the great masters and mistresses have been saying ever since time began«[7], sagte John Lennon kurz vor seinem Tod in einem langen Interview wie zum Abschied: *Du mußt es selber machen, du mußt dich selber aufmachen, selber auf die Suche gehen und es herausfinden, niemand nimmt es dir ab. Du mußt die Suche nach Weisheit selber unternehmen, das haben die großen Lehrer/innen seit alters gesagt.* Letztlich zählt nur die eigene Erfahrung, das eigene Empfinden, Fühlen, Denken, das selber erworbene Wissen, erworben um den Preis des eigenen Lebens. Geh aus und bring deine Frucht.

❖

Wieder ist es Pfingsten. Zunächst wollte ich Tine Halkes besuchen. Doch dann ist mir die Reise nach Holland zuviel, und zudem habe ich das Gefühl, daß ich allein bleiben muß. Es ist einer der ersten warmen, schönen Tage. Ich packe meinen kleinen Rucksack und ziehe los. Ins Elsaß. Grün das Korn, grün das Gras, grünes Sommerrauschen der Bäume, sonnenüberflutet. Ein Kruzifix an der Weggabelung, grau der Stein, weiß der Leib, rostig die Nägel. In den Dörfern Klatschrosen, die rot über grünverwaschene Gartenzäune hängen, blaue Iris und lila Lupinen, die aus Wolken rosaroter Pfingstrosen herausragen. Über Felder gehe ich, durch den Wald. Die Sonne streichelt mich. Ich trinke Wasser und Wein im alten »Restaurant des Bains«, an der Kreuzung der rue des sources – der Straße zu den Quellen – und der rue de Heiligenbrunn. Mir gegenüber die chapelle de la Ste. Catherine.

Heckenrosen säumen meinen Weg.
In mir ist ein klarer, ruhiger See,
von grünen Ufern umrundet.
Über ihm eine Taube mit ausgebreiteten
Flügeln.
Nur manchmal kräuselt ein Hauch die
Oberfläche,
schlägt die Taube leicht mit ihren Schwingen –
»Braus Gottes brütend allüber den Wassern« [116]
still
geh ich
dahin
schweigend
meinen
weg

Anmerkungen

1 Tilman Moser. Gottesvergiftung. Frankfurt am Main. Suhrkamp Verlag 1976

2 C. G. Jung. Bewußtes und Unbewußtes. Beiträge zur Psychologie. Frankfurt am Main. Fischer Bücherei 1957

3 Paul Tillich. Der Mut zum Sein. Sonderband in der Reihe der Stundenbücher. Hamburg. Furche-Verlag 1965

4 Hildegard von Bingen. Gotteserfahrung und Weg in die Welt. Hrsg. und eingeleitet von Heinrich Schipperges. Olten und Freiburg im Breisgau. Walter Verlag. 2. Auflage 1979, S. 141

5 Margot Scharpenberg. Herbstlich, in: Moderne deutsche Naturlyrik. Reclam Nr. 9969, 1980, S. 190 f.

6 Hélène Cixous. Weiblichkeit in der Schrift. Aus dem Französischen übersetzt von Eva Duffner. Berlin. Merve Verlag 1980, S. 92

7 John Lennon, in: Playboy, Nr. 1/1981, S. 144

8 Alan Jay Lerner. My Fair Lady. A musical play in two acts based on Pygmalion by Bernard Shaw. Penguin Books. London 1956, S. 100

9 Jan Milič Lochmann. Christus oder Prometheus. Stundenbücher Nr. 106. Hamburg. Furche-Verlag 1972

10 Helmut Barz. Selbsterfahrung. Tiefenpsychologie und christlicher Glaube. Stuttgart. Kreuz Verlag 1973, vor allem S. 97

11 C. G. Jung et al. Der Mensch und seine Symbole. Olten. Walter Verlag 1968, S. 98 f.

12 Carole A. Etzler. Womanriver Flowing On. Songs by Carole A. Etzler. Schallplatte der Sisters Unlimited. 1492-F Willow Lake Drive. Atlanta GA 30329 (1978). Auf dieser Platte befindet sich auch das Wiegenlied »Womanchild«, das ich als Widmung für dieses Buch ausgesucht habe.

13 inzwischen publiziert in: Frauenbefreiung. Biblische und theologische Argumente. 2. veränderte Auflage von »Menschenrechte für die Frau«, hrsg. von Elisabeth Moltmann-Wendel. München. Kaiser Verlag 1978, S. 179 ff.

14 Ursula Krattiger. Mündigkeit. Ein Fragenkomplex in der schweizerischen Diskussion im 19. Jahrhundert, vor allem zur Zeit der Armennot 1840–1860. Bern. Lang Verlag 1972

15 Anna von Liebenau. Die katholische Frau der werktäti-
gen Liebe: Wohlerwürden Frau Maria Theresia Scherrer,
die erste Generaloberin von Ingenbohl, in: Die Schweizer Frau. Ein Familienbuch, hrsg. von Gertrud Villiger-
Keller. Neuenburg (1910), S. 453 ff.

16 Jessie Bernard, zitiert in: Emmy van Overeem. Eman-
cipatie is niet genoeg. Sonderdruck aus NRC/Handels-
blad, Rotterdam (1977)

17 In »Feministische Theologie-Praxis. Ein Werkstattbuch«
ist der Wortlaut dieses Gottesdienstes abgedruckt: »Die
blutflüssige Frau. Eine Schwestern-Hexegese zu Lukas
8, 43–48«, S. 34 ff. im Heft 3 der Arbeitshilfen der Akademie Bad Boll, Mai 1981, hrsg. von Susanne Kahl, Heide-
marie Langer, Herta Leistner und Elisabeth Moltmann-
Wendel. Zum Gebiet Blut, Blut-Tabus, Angst vor Blut
und Verehrung von Blut siehe auch Hoffman R. Hays.
Mythos Frau. Das gefährliche Geschlecht. Frankfurt am
Main. Fischer Taschenbuch Verlag 1978. Zum Thema
Menarche und Menopause siehe auch den wunderschö-
nen Bericht »Come and Celebrate with me« von Chri-
stine Downing (1. Präsidentin der American Academy
of Religion), in: Anima, An experimential Journal,
Herbstnummer 1982, S. 11 ff.

18 Mary Daly. Beyond God the Father. Toward a Philosophy of Women's Liberation. Boston. Beacon Press 1973,
S. 50. Auf Deutsch erschienen unter dem Titel: Jenseits
von Gottvater, Sohn und Co. München. Verlag Frauenoffensive 1978

19 Hanna Wolff. Jesus als Psychotherapeut. Stuttgart.
Radius-Verlag 1978, S. 95. Dazu auch Mary Daly, in
»Beyond God the Father«: Das Streben nach Selbst-
Transzendierung, nach Wandel und Wachstum, hält die
Frage offen nach der letzten Transzendenz, nach Gott:
»It implies recognition of the fact, that we have no
power over the ultimate real, and that whatever authen-
tic power we have is derived from participation in ulti-
mate reality« (S. 28 f.)

20 Mary Daly, in: Die Verwandlung von Schweigen in
Sprache und Aktion, in: Lyrik, Frauenjournal Nr. 11. Im
Verlag der Frauenoffensive München, Juli 1978, S. 50

21 Mary Daly. Beyond God the Father, a. a. O., S. 59 f. (Kapitel »Sisterhood means Revolution«)

22 Susanne Kahn-Ackermann. Das Interesse an »spirituel-

len« Büchern, in: Courage (deutsche feministische Monatszeitschrift)/ Nr. 6/Juni 1979, S. 27

23 Hanna Wolff. Jesus der Mann. Die Gestalt Jesu in tiefenpsychologischer Sicht. Stuttgart. Radius Verlag 1975

24 Elisabeth Moltmann-Wendel. Ein eigener Mensch werden. Frauen um Jesus. GTB Siebenstern Nr. 1006/1980

25 Andrew Greeley. Maria. Über die weibliche Dimension Gottes. Graz/Wien/Köln. Styria Verlag 1979

26 Catharina J. M. Halkes. Gott hat nicht nur starke Söhne. Grundzüge einer feministischen Theologie. GTB Siebenstern. Nr. 371/1980, S. 61 und 58

27 Patricia Remy. Was ist und was will Feministische Theologie? Hektographiertes Manuskript eines Referats vom Juli 1979 am Sommerseminar der Salzburger Gruppe in Gschriet in Kärnten, S. 4 und 5

28 Heide Göttner-Abendroth. Die Göttin und ihr Heros. Die matriarchalen Religionen in Mythen, Märchen und Dichtung. München. Frauenoffensive 1980

29 Anne Kent Rush. Mond Mond. München. Frauenoffensive 1978

30 Peter L. Berger. Auf den Spuren der Engel. Die moderne Gesellschaft und die Wiederentdeckung der Transzendenz. Frankfurt am Main. Fischer Verlag 1970, S. 57, 61, 69

31 Franz Rosenzweig. Briefe und Tagebücher. 2 Bde. Haag. Martinus Nijhoff 1979, Bd. 2, S. 1048

32 Catharina J. M. Halkes. Feministische Theologie. Eine Zwischenbilanz, in: Concilium. Internationale Zeitschrift für Theologie, April 1980, S. 296 f.

33 Mary Daly. Beyond God the Father, a. a. O., S. 33 ff. (Kapitel »The unfolding of God«, siehe auch S. 71 und 183)

34 Mary Daly. God is a Verb, in: Ms. (amerikanische feministische Monatszeitschrift)/Dezember 1974, S. 58 f. »The Church and the Second Sex« ist unter dem Titel »Kirche, Frau und Sexus« 1970 im Walter Verlag Olten erschienen.

35 Mary Daly. God the Father, a. a. O., S. 40 ff. (Kapitel »New Space: New Time«)

36 Hans Peter Dürr. Traumzeit. Über die Grenze zwischen Wildnis und Zivilisation. Frankfurt am Main. Syndikat Verlag 1978, S. 62

37 Encyclopaedia Britannica, Macropaedia, Bd. 4, Ausgabe 1974

38 Paolino Spreafico. La Basilica di S. Eustorgio ritornata antica e vera. Milano 1970, S. 114 ff. Und: Marie-Louise von Franz. Der Individuationsprozeß, in: C. G. Jung et al. Der Mensch und seine Symbole, a. a. O., S. 161

39 Barz, Helmut. Stichwort: Selbstverwirklichung. Ehrenrettung eines Modewortes. Stuttgart. Kreuz-Verlag 1981, S. 33 ff., 43, 62, 68, 81 ff.

40 Margarete Susman. Wandlungen der Frau, in: Gestalten und Kreise. Zürich. Diana Verlag 1954, S. 160 ff. (Zitat: S. 175)

41 Erich Neumann. Zur Psychologie des Weiblichen. 2. Auflage. München. Kindler Verlag 1975, S. 33 ff.

42 Verena Stefan. Häutungen. München. Frauenoffensive 1975, S. 124.

43 Stephan H. Pfürtner. Kirche und Sexualität. Reinbek bei Hamburg. Rowohlt Verlag 1972, S. 74 ff., vor allem S. 81

44 Catharina Halkes. Gott hat nicht nur starke Söhne, a. a. O., S. 54 f., 63

45 Marie-Louise von Franz. Der Individuationsprozeß, in: C. G. Jung et al. Der Mensch und seine Symbole, a. a. O., S. 197 f.

46 Die Schrift. Verdeutscht von Martin Buber gemeinsam mit Franz Rosenzweig. Bd. 1. Die fünf Bücher der Weisung. Heidelberg. Verlag Lambert Schneider. 9. Auflage 1954, darin: Im Anfang, S. 13 (1. Mose 2,7)

47 Muriel Rukeyser, amerikanische Dichterin und politische Aktivistin. Gedicht abgedruckt in »Ms.« (amerikanische feministische Monatszeitschrift)/Januar 1979

48 Eugen Rosenstock-Huessy. Die Sprache des Menschengeschlechts. Eine leibhaftige Grammatik in vier Teilen. Heidelberg. Verlag Lambert Schneider. Bd. 1/1963, S. 786

49 Franz Rosenzweig. Briefe und Tagebücher, a. a. O. Bd. 2, S. 1114

50 Aus dem Lobgesang auf die ägyptische Göttin Neith-Menit, in: Josefine Schreier. Göttinnen. Ihr Einfluß von der Urzeit bis zur Gegenwart. München. Frauenoffensive 1978, S. 12

51 Hélène Cixous. Weiblichkeit in der Schrift, a. a. O., S. 111

52 Mary Daly. Beyond God the Father, a. a. O., S. 26 ff. (Kapitel »Nonbeing, Power of Being, and Hope«, dazu auch S. 71 im Kapitel »Beyond Christolatry: A World Without Models)

53 John Sharkley. Celtic Mysteries. The Ancient Religion.

New York. Avon Books 1975, Abbildung Nr. 6. Vergleiche dazu auch: Georges Devereux. Baubo. Die mythische Vulva. Frankfurt am Main. Syndikat 1981

54 Philip Rawson. Tantra. The Indian cult of ecstasy. London. Thames and Hudson 1973, Abbildung Nr. 7

55 Miriam Schapiro, in: Women's Art, Interview in »Ms.«/Dezember 1977, S. 96. Dazu auch: Valerie Jaudon und Joyce Kozloff. Kunsthysterische Gedanken über Fortschritt und Kultur, in: du/Die Kunstzeitschrift Nr. 6/1979, S. 48 f.

56 Dazu inspirierte mich die Wendung »Das Weib wird den Mann umgeben« (Jeremia 31,22). Dazu auch Catharina J. M. Halkes. Gott hat nicht nur starke Söhne, a. a. O., S. 110 ff.

57 David Maclagan. Creation Myths. Man's introduction to the world. London. Thames and Hudson 1977, S. 44

58 Miriam und José Arguëlles. Weiblich – weit wie der Himmel. Haldenwang. Irisiana Verlag 1979, S. 5

59 Paula Modersohn-Becker an Rainer Maria Rilke, in: H. W. Petzet. Das Bildnis des Dichters. insel taschenbuch 198/1976, S. 32

60 Rainer Maria Rilke. Duineser Elegien/Die Sonette an Orpheus. Zürich. Manesse Verlag 1951, S. 188 (Sonette 1. Teil, XII)

61 Das matri-lokale Prinzip des Wohnsitzes klingt noch nach in der Schöpfungsgeschichte, wonach »der Mann Vater und Mutter verläßt und hängt seinem Weibe an« (1. Mose 2,24)

62 Esther Fischer-Homberger. Krankheit Frau. Bern/Stuttgart/Wien. Hans Huber Verlag 1979, S. 24 ff., zu Aristoteles auch Stephan H. Pfürtner. Kirche und Sexualität, a. a. O., S. 51 f., 69 f. Zu Aristoteles und Thomas von Aquin: Luise Rinser. Unterentwickeltes Land Frau. Würzburg. Echter Verlag 1970, S. 43 ff., S. 65

63 Josefine Schreier. Göttinnen, a. a. O., S. 38 ff., 48 ff., 63 ff. und vor allem die Einsetzung des Vaterrechts, wie sie im Drama »Die Eumeniden« dargestellt wird, S. 69 ff. Dazu auch: Elizabeth Gould Davis. Am Anfang war die Frau. Die neue Zivilisationsgeschichte aus weiblicher Sicht. München. Frauenoffensive 1977, S. 31 f., 93, 146 ff. Siehe auch: Ilse Kassner und Susanne Lorenz. Trauer muß Aspasia tragen. Die Geschichte der Vertreibung der Frau aus der Wissenschaft. München. Frauenoffensive 1977,

Kapitel »Zum Wandel von frauenzentrierter Gesellschaft, ihrer körperlichen und geistigen Unterwerfung, bis zur heutigen »Weiblichkeit« als geronnene »zweite Natur«, S. 22 ff., vor allem S. 40 f.: »Eva«. Siehe auch: Erich Fromm. Das Undenkbare, das Unsagbare, das Unaussprechliche, in: Psychologie heute/November 1978, S. 23, wo er unter anderem die Nicht-Rezeption von Bachofens Mutterrecht durch männliche Wissenschaftler behandelt.

64 Anne Kent Rush. Mond, Mond, a. a. O., S. 187

65 Cécile Ernst. Psychische Geschlechtsunterschiede: der Anteil von Vererbung und Tradition, in: Bulletin Nr. 2 des Schweizerischen Verbandes der Akademikerinnen/ September 1978 und Susumu Ohno. Die biologische Grundlage der Unterschiede zwischen den Geschlechtern, in: Evelyne Sullerot (Hrsg.). Die Wirklichkeit der Frau. München. Verlag Steinhausen 1979, S. 65 ff. sowie S. 81 und S. 264 f. Ein Stück Rezeption dieser Gedanken stellt die »Stern«-Reportage »Der Mann – ein Fehlgriff der Natur« (Stern Nr. 18/1982) dar.

66 Heide Göttner-Abendroth. Die Göttin und ihr Heros, a. a. O., S. 24–84

67 Lobpreis auf Hathor, in: Schreier. Göttinnen, a. a. O., S. 12

68 Friedrich Heiler. Die Gottesmutter im Glauben und Beten der Jahrhunderte, in: Die Gottesmutter. Sondernummer der »Hochkirche«, gewidmet dem 1500. Gedächtnis des Konzils zu Ephesus/22. Juni 431/1931, hrsg. von Friedrich Heiler. Verlag Ernst Reinhard in München, S. 184 ff.

69 Catharina J. M. Halkes. Gott hat nicht nur starke Söhne, a. a. O., S. 96 f.

70 Diese Beobachtung verdanke ich Professor Bernhard Casper, Dozent für Religionsphilosophie an der Universität Freiburg im Breisgau

71 Roberto Donati. Pisa. Kunst und Geschichte. Narni/ Terni. Plurigraf. 1975, S. 65 ff.

72 Miriam und José Arguëlles. Weiblich – weit wie der Himmel, a. a. O., zum Beispiel auf S. 12, 14, 43 ff., 51 ff., 80

73 Eugen Rosenstock-Huessy. Die Sprache des Menschengeschlechts, a. a. O., Bd. 1/S. 744

74 Apuleius, in: Andrew Greeley. Maria, a. a. O., S. 98

75 Judy Chicago. The Dinner Party. A Symbol of Our Heritage. New York. Anchor Books 1979, vor allem S. 57 und 61 f.

76 Miriam und José Arguëlles. Weiblich – weit wie der Himmel, a. a. O., S. 51

77 Miriam und José Arguëlles. Weiblich – weit wie der Himmel, a. a. O., S. 57. Die beiden Autoren weisen als Quelle aus: Emblema XLII, aus Atalanta Fugiens. Michael Maier. Frankfurt 1617

78 Frederick S. Perls. Gestalt-Therapie in Aktion. Konzepte der Humanwissenschaft. Stuttgart. Ernst Klett Verlag 1969, S. 31

79 Catharina J. M. Halkes. Gott hat nicht nur starke Söhne, a. a. O., S. 72 f.

80 Ilse Kassner und Susanne Lorenz. Trauer muß Aspasia tragen. Die Vertreibung der Frau aus der Wissenschaft, a. a. O. (s. Anmerkung 63), S. 223

81 Mary Daly. Beyond God the Father, a. a. O., S. 103 f.

82 Erich F. Schumacher. Viel Wissen und kein bißchen weise, in: Psychologie heute/Januar 1979, S. 23 ff.

83 Erich Fromm. Haben oder Sein. Stuttgart. Deutsche Verlagsanstalt 1976

84 Karlfried Graf Dürckheim. Vom doppelten Ursprung des Menschen. Freiburg i. Br. Herder Verlag 1973, S. 33 f. (Zweierlei Wissen), vgl. dazu S. 46 ff. (Die Not der Zeit)

85 Helen Reddy. I am Woman. Lied auf der Platte: »Helen Reddy's Greatest Hits«. EMI/Electrola 1 C 062-82 066

86 Yoko Ono. Sisters, o Sisters. Auf der Platte: John u. Yoko/Plastic Ono Band. Sometime in New York City. 1972 Apple Records Inc. SVBB-1-3392

87 Paul McCartney/John Lennon. Let it be. Auf der Platte: Let it be. Apple Records 1970/PCS 7096

88 Georgia O'Keeffe. A Studio Book. The Viking Press. New York 1976 (neben Illustration »Blue Lines«, 1916)

89 Die Schrift. Verdeutscht von Martin Buber. Gemeinsam mit Franz Rosenzweig. Bd. 4. Die Schriftwerke. Heidelberg. Verlag Lambert Schneider. 5. Auflage von 1962. Gleichsprüche Schlomos (Sprüche 9,12), S. 227

90 Rainer Maria Rilke. Todes-Erfahrung, in: Die ausgewählten Gedichte. Erster Teil. Wiesbaden. Insel-Verlag 1951, S. 32

91 Rainer Maria Rilke. Duineser Elegien/Sonette an Orpheus, a. a. O., S. 236 (Sonette 2. Teil/XXI)

92 Diesen unveröffentlichten Text verdanke ich Rafael Rosenzweig, Tel Aviv.

93 Lady Juliana of Norwich. Offenbarung der göttlichen Liebe. Übersetzt von Elisabeth Strakosch. Einsiedeln. Johannes-Verlag 1960, S. 49 und S. 37

94 Zitat aus »Rosarium«, in: C. G. Jung. Praxis der Psychotherapie (Kapitel: »Der Aufstieg der Seele«), in: Gesammelte Werke, Bd. 16. Zürich und Stuttgart. Rascher Verlag 1958, S. 288

95 Christian Morgenstern. Gesammelte Werke in einem Band. München. Piper 1965, S. 67 f.

96 Gedicht in: Ingrid Schlicher. Weihnachten in der Bedeutung der weiblichen Kulturgeschichte, in: Frauenspiritualität. Nr. 9 des Frauenjournals/Januar 1978, hrsg. vom Verlag Frauenoffensive in München, S. 53

97 Mary Daly. Beyond God the Father, a.a.O., S. 8

98 Adrienne Rich, in: »Ms.«/Dezember 1977, S. 41, vgl. dazu auch Anmerkung 54

99 Die Schrift. Verdeutscht von Martin Buber. Gemeinsam mit Franz Rosenzweig. Bd. 4. Die Schriftwerke. Heidelberg. Verlag Lambert Schneider. 5. Auflage von 1962. Versammler (Prediger 3, 1 ff.), S. 393

100 Hayyim Schauss. The Jewish Festivals. History and Observance. New York. Schocken Books (1938). 10. Auflage 1975, S. 18

101 Mary Daly. Gyn/Ecology. The Metaethics of Radical Feminism. Boston. Besacon Press 1978, S. 24 f. In der deutschen Übersetzung von Erika Wisselinck unter dem Titel »Gyn/Ökologie« erschienen in München, Verlag Frauenoffensive 1981, S. 47. Vgl. dazu: Hélène Cixous. Weiblichkeit in der Schrift, a.a.O., S. 85 f.

102 Hélène Cixous. Weiblichkeit in der Schrift, a.a.O., S. 121

103 Wasson, Gordon, Carl A. P. Ruck und Albert Hofmann. The Road to Eleusis. Unveiling the Secret of the Mysteries. Ethnomycological Studies Nr. 4. A Harvest/HBJ Book. New York and London 1978, nach S. 66

104 Aradia. Die Lehre der Hexen. Mythen, Zaubersprüche, Weisheiten, Bilder. Kommentiert von Charles G. Leland. München. Trikont Verlag 1979, S. 19

105 Hildegard von Bingen. Gotteserfahrung und Weg in die Welt, a.a.O., S. 80

106 Hildegard von Bingen. Gotteserfahrung und Weg in die Welt, a.a.O., S. 139

107 Hélène Cixous. Weiblichkeit in der Schrift., a.a.O., S.10f.
108 Eugen Rosenstock-Huessy. Die Sprache des Menschengeschlechts, a.a.O., S.776
109 Eva Ehrenberg. Sehnsucht – mein geliebtes Kind. Ner-
Tamid Verlag 1963, S.44f.
110 Giuseppe Tomasi di Lampedusa. Il Gattopardo. Milano, Feltrinelli Editore 1963, S.170
111 Diese Geschichte verdanke ich dem Erzählen von Marga
Bührig und Else Kähler, Zürich, sowie von Elsi Arnold,
Basel
112 Franz Rosenzweig. Jehuda Halevi. 22 Hymnen und Gedichte. Deutsch. Berlin. Lambert und Schneider 2. Ausgabe (o.J.), S.14
113 Rosenzweig/Halevi. Hymnen und Gedichte, a.a.O., S.82
114 Elizabeth Gould Davis. Am Anfang war die Frau, a.a.O.,
S.44ff. (vgl. Anmerkung 63)
115 Eugen Rosenstock-Huessy. Die Sprache des Menschengeschlechts, a.a.O., S.786
116 Die Schrift. Verdeutscht von Martin Buber, gemeinsam
mit Franz Rosenzweig. Im Anfang (1.Moses 1,2). 1.Auf-
lage 1925

Christa Mulack
Die Weiblichkeit Gottes
Matriarchale Voraussetzungen des Gottesbildes
367 Seiten, kartoniert

Christa Mulack vertritt die These, daß Frauen die Botschaft des Neuen Testaments herauslösen können aus ihrer patriarchalen Überfremdung. Sie zeigt, wie Jesus sich mit der weiblichen Sophia identifizierte. Sophia, die weibliche Gestalt der Weisheit, wurde in der patriarchalen Epoche vom Logos verdrängt und bis zur Unkenntlichkeit entstellt. An sie anknüpfend, stellt Christa Mulack die Frage nach einem Gottesbild, das Weibliches einschließt. Chr. Mulack

H. Langer/H. Leistner
E. Moltmann-Wendel
Mit Miriam durch das Schilfmeer
Frauen bewegen die Kirche
92 Seiten, kartoniert

Wie drei Frauen die biblische Geschichte vom Auszug des Volkes Israel aus der ägyptischen Sklaverei für sich entdecken und nacherleben und wie aus diesem Prozeß eine ungewöhnliche Bibelarbeit für das erste Frauen-Forum auf dem Deutschen Evangelischen Kirchentag in Hamburg 1981 entstand, ist Inhalt dieses Bandes, der die Bibelarbeit im originalen Wortlaut enthält und auch den Schlußdialog vom Frauen-Forum.

Kreuz Verlag

Carola Wolf (Hrsg.)
**Macht und Ohnmacht der Frauen
in der Kirche**
Fünfzehn persönliche Erfahrungen
160 Seiten mit 15 Porträtfotos, kartoniert

Ihre persönlichen Erfahrungen teilen mit: Gesa
Conring, Magrit Delius, Anneliese Lissner, Dorothee Petters, Barbara Rau, Senta Riedel, Eleono-
re von Rotenhan, Mieke Scharffenorth-Korenhof,
Barbara Schmidt, Ele Schöfthaler, Luise Schott-
roff, Dorothee Sölle, Christa Springe, Carola
Wolf, Bärbel von Wartenberg.

Hans Jürgen Schultz (Hrsg.)
Frauen
Porträts aus zwei Jahrhunderten
Mit 20 ganzseitigen Schwarzweißabbildungen
280 Seiten, kartoniert

»Diese bemerkenswerten, auf das Wesentliche
abgestimmten Charakterbilder von Frauen, deren
Schicksal und Lebenskampf in diesem Band
lebendig werden, haben etwas Bestechendes an
sich. Sie sind gekonnt und flüssig geschrieben
und lassen die Bemühungen der Autorinnen um
Identifikation mit ihren Heldinnen überall
spüren.«   Göttinger Tageblatt

Kreuz Verlag